VIVENDO A WICCA

UM GUIA AVANÇADO PARA O PRATICANTE SOLITÁRIO

SCOTT CUNNINGHAM

VIVENDO A WICCA

UM GUIA AVANÇADO PARA O PRATICANTE SOLITÁRIO

ISIS

Traduzido do original "Living Wicca: A Further Guide for the Solitary Practitioner"
Publicado originalmente por Llewellyn Publications
Woodbury, MN 55125 - EUA - www.llewellyn.com.

Tradução: Karine Simões
Projeto gráfico: Alexander Negrete e Kimberly Nightingale
Arte de capa: Anthony Meadows
Capa: Kevin R. Brown
Ilustrações: Llewellyn art department
Diagramação: Décio Lopes

DADOS DE CATALOGAÇÃO DA PUBLICAÇÃO

Cunningham, Scott

Vivendo a Wicca: um guia avançado para o praticante solitário / Scott Cunningham. 1ª edição. São Paulo, SP. Editora Isis, 2021.

ISBN: 978-65-5793-014-4

1. Wicca 2. Magia I. Título.

EDITORA ISIS LTDA
www.isiseditora.com.br
contato@isiseditora.com.br

EDITORA AFILIADA

"Uma vez que aprendemos o básico das crenças e práticas wiccanas, viver nossa religião é, logicamente, o próximo passo, mas a maneira como permitimos que ela afete nossas vidas depende totalmente de nós."

"Escrevi este livro com o intuito de ser um guia não apenas para a prática, como também para a vida wiccana. Embora haja aqui algumas ideias e sugestões, cada um deve encontrar a jornada perfeita para si. Que a Deusa e o Deus o ajudem nessa busca."

Scott Cunningham,
1956-1993

Este livro é dedicado aos
wiccanos solitários de qualquer lugar.

Sumário

Uma nota para os Wiccanos Tradicionais

Este guia avançado para o praticante solitário de Wicca não é um ataque à Wicca convencional, às tradições wiccanas, aos covens ou aos procedimentos comuns de treinamento. Ele foi escrito, assim como seu antecessor, para aqueles que não têm acesso a essa sapiência.

Alguns verão este livro como um insulto aos seus conhecimentos sobre Wicca, por isso repito: este é um guia para praticantes solitários que não têm acesso a esse acervo, o que não diminui em nada esta ou qualquer outra tradição wiccana. Leia-o com a mente aberta e lembre-se da época em que você também estava pesquisando.

Introdução

Este livro consiste em dar instruções adicionais para o praticante solitário de Wicca. Ele parte do pressuposto de que o leitor já adquiriu certa experiência em nossa religião e, portanto, não interrompe a leitura com denifições de termos específicos e referências de rituais. Caso precise relembrar algo, verifique o glossário.

A Parte I deste livro contém ensaios sobre uma variedade de tópicos de importância para wiccanos solitários. A Parte II apresenta uma coleção de orações e rituais diários de oferenda e agradecimento, junto com guias para orações e magia eficazes. A Parte III é um sistema recomendado para criar sua própria tradição wiccana. Este livro foi escrito para aqueles que se encantaram ao ver a lua brilhando entre as árvores, que começaram a investigar o mundo sublime que está além da estrutura da vida diária e que se colocam em círculos envoltos em fumaça, levantando as mãos para saudar a Deusa e o Deus enquanto velas iluminam o altar. É para nós que, por escolha ou circunstância, nos encontramos apenas com a Dama da Lua e o Deus Cornífero.

Sua única premissa é de que Wicca é uma religião aberta. Todos podem vir perante o altar e adorar a Deusa e o Deus, a sós ou na companhia de outros, iniciado ou não. A Wicca está disponível para todos aqueles que se interessarem.

Os leitores de *Wicca: guia do praticante solitário* pediram-me para escrever outro livro semelhante, porque há pouquíssima bibliografia wiccana voltada ao praticante solitário. Espero que este livro supra pelo menos parte dessa necessidade.

Até a próxima. "Bendito seja".

Scott Cunningham
La Mesa, CA / 10 de julho de 1992

Parte I
Aprendizado

1

Ferramentas de aprendizagem

Os membros dos covens têm acesso aos mestres, participam de grupos de estudos e podem aproveitar a experiência de outros wiccanos para se orientarem e enriquecerem seu conhecimento. Wiccanos solitários carecem de todas essas oportunidades. Quais são, então, nossas ferramentas de aprendizagem?

Devemos ser criativos. O autodidatismo é um grande desafio, mas ele pode ser realizado por quatro meios:

Estudo

Reflexão

Oração

Prática

Eles são o método mais eficaz pelo qual wiccanos solitários podem aumentar seu conhecimento e compreensão da religião Wicca. Essa abordagem quádrupla pode responder a quase todos os seus questionamentos se estiver disposto a confiar em si mesmo, a pensar e não se importar de estar fazendo algo incorreto. Não existe um método certo de lançar um círculo, de invocar a Deusa e o Deus, de observar ritualmente as estações ou realizar a magia wiccana. O fato de haver numerosos métodos para cada uma das ações supracitadas aponta para a oportunidade única que está à espera do wiccano solitário: a descoberta de novas formas de adoração que outros, condicionados a aceitar apenas alguns caminhos da expressão wiccana, podem ter perdido.

Como você pode fazer isso?

Estudando, refletindo, orando e praticando.

Estudo

Os livros sempre foram instrumentos mágicos. Com o virar da página, podemos ser transportados para o fundo do oceano, para um deserto infinito, para a superfície da lua. Os livros podem elevar nosso espírito, curar nossas feridas, fortalecer nossa coragem e impulsionar nossa iluminação religiosa. Eles também podem despertar nossa curiosidade, aguçar nossa mente, ensinar novas habilidades e alterar nossas opiniões. São poderosas ferramentas de mudança.

Muitas pessoas aprendem sobre a Wicca através de livros e a maioria os usa para guiar seus primeiros passos na religião. Esses materiais, se escritos de maneira inteligível por wiccanos experientes, podem ser valiosas ferramentas de aprendizagem. Livros de qualidade nesse tema acabam se tornando a Suma Sacerdotisa e o Sumo Sacerdote de seus leitores, ou fazem o papel de um amigo ou um membro do coven.

Na verdade, devido à escassez de pessoas dispostas a ensinar Wicca e ao pequeno número de discípulos que elas de fato conseguem instruir, deixamos a experiência e a autoridade dos livros escritos por autores wiccanos com essa função. Essas obras se tornaram em grande parte os professores da nova geração da Wicca.

Às vezes, no entanto, ler muitos livros pode causar confusão, pois os autores podem fazer afirmações contraditórias em relação aos conceitos e práticas de rituais wiccanos. Alguns podem deliberadamente obscurecer o conhecimento wiccano com prosa mística e o wiccano solitário, ávido por respostas, acaba ficando com mais dúvidas, já que cada especialista afirma que seu método é o melhor ou o mais eficaz (essa tendência está desaparecendo nos livros wiccanos atuais, mas, muitos livros antigos que contêm tais afirmações ainda estão em circulação).

Um livro pode afirmar que "o altar sempre deve ficar ao leste", outro, "ao norte". Um autor pode escrever que o movimento anti-horário dentro do círculo é proibido, outro direcionará o leitor a se mover precisamente nessa direção. Datas e nomes para os sabbats e esbats variam amplamente de acordo com o autor e os instrumentos recebem nomes, atributos e funções diferentes.

Às vezes, livros que originalmente inspiraram o novo wiccano solitário podem se tornar uma fonte de confusão e desespero para o leitor, que irá guardá-los ao perceber que nenhum aprendizado será absorvido deles. Isso é uma pena, mas pode ser evitado tendo em mente o seguinte conceito:

Cada livro é como um novo professor, com ideias distintas sobre o assunto que está sendo ensinado. Imagine quatro pilotos de corrida experientes ensinando alunos iniciantes. Eles os instruem com as noções básicas desse esporte perigoso. Ensinam o tipo de motor mais rápido, o melhor óleo, a estratégia mais eficaz para usar durante as próprias corridas. Cada piloto ensina esse assunto de uma maneira diferente e expressará o que acredita ser o certo, mas todos estarão ensinando sobre corridas.

Os livros wiccanos, assim como professores, atuam de forma bastante semelhante. A prática e o treinamento geraram ideais específicos sobre a Wicca no escritor de cada livro, e esses ideais são claramente apresentados em seus capítulos. Divergências de opinião são naturais entre especialistas em qualquer área e não devem desanimar aqueles que são confrontados por elas.

Quando você for desafiado por informações aparentemente contraditórias, examine-as e tome uma decisão sobre qual delas absorver. Ouça sua intuição. Em outras palavras, fique à vontade para escolher entre os rituais publicados e os mais didáticos para decidir o que *parece* certo. É essa seletividade que geralmente provará ser a mais eficaz.

Já posso até ouvir alguns de vocês dizendo: "Espere! Eu jamais poderia fazer isso! Eu...eu não saberia dizer se estaria indo no caminho certo ou não. Eu preciso de alguém para me ensinar!"

É aí que você entra. É aí que você se torna seu próprio professor, e os livros fornecerão algumas das lições. Aprenda a confiar em si mesmo. Resolva as questões da melhor maneira que puder. Reflita. Ore. Pratique (veja as próximas três seções deste capítulo). Apenas faça.

Os livros não são infalíveis e, em alguns, praticamente inexistem informações precisas. Muitos leitores tendem a acreditar em qualquer coisa impressa. Dizem "afinal, está neste livro bem aqui. Isso prova que é verdade". Infelizmente, quase qualquer pessoa pode escrever um livro e até mesmo publicá-lo.

Isso garante que o conteúdo seja verdadeiro? Não. Na verdade, algumas editoras especializadas continuam a publicar livros cheios de mentiras expondo a natureza "satânica" da Wicca, e descrevem seus ritos como sacrifícios humanos, orgias e orações ao Diabo. Esses livros, escritos por alguns virulentos que se autodenominam cristãos, são facilmente identificados entre os outros nas prateleiras pelo uso repetido de citações bíblicas. Esses tomos odiosos nada têm a ensinar e devem ser evitados.

Outros livros, embora escritos por estudiosos ou interessados em registrar com precisão as crenças e práticas wiccanas, podem conter informações incorretas. A maioria das pesquisas sobre as crenças wiccanas (como *Persuasions of the Witches' Craft*, de Tanya Luhrman) são tão distorcidas pelas convicções da autora que pouca verdade conseguiu espremer em suas páginas. Novamente, é melhor evitar livros dessa natureza e todos os escritos por não-wiccanos sobre a Wicca.

Outra armadilha que pode ser encontrada nos livros consiste em brilhantes descrições da magia negativa. Essas passagens são geralmente encontradas em livros de feitiços, não em textos wiccanos. Ainda assim, wiccanos solitários podem se deparar com textos mágicos, e a maioria deles descreve as maravilhas das maldições e revela vários métodos de como enfeitiçar os inimigos. Tais livros, por vezes, contêm informações excelentes, mas passagens como essas podem perpetuar a falsa ideia de que a magia negativa é aceitável. Materiais dessa natureza devem ser eliminados por uma simples citação da Lei wiccana: Não prejudique ninguém.

Finalmente, alguns livros mais antigos de wiccanos contêm o que parecem ser afirmações absolutas de fatos que são absolutamente falsos, como "Wicca é uma religião britânica", "Você deve ficar nu em seus ritos", "Os ritos sexuais são necessários na Wicca", ou nosso velho amigo, "Apenas uma bruxa pode fazer bruxaria" (ou seja, a iniciação é necessária). Essas declarações se encaixam no contexto das tradições wiccanas desses autores e tendem a estar bastante corretas dentro delas. No entanto, não têm validade para aqueles que estão fora de sua tradição. Tais declarações, que aparecem em livros, não precisam nos preocupar.

Uma das formas mais populares de desinformação é encontrada em livros sobre a história antiga da Wicca. Não farei nenhuma declaração a esse respeito, mas vou aconselhá-lo a ler contos da Wicca antiga com muito discernimento e ceticismo.

Embora os livros não sejam fontes infalíveis de informação, eles podem ser aliados valiosos na caminhada solitária se você tiver em mente que:

- Livros são ferramentas que devem ser usadas. Eles fornecem as lições, nós as colocamos em prática.
- Livros não podem responder a todas as perguntas, mas nem qualquer Suma Sacerdotisa ou professor poderia.
- Seja exigente ao ler livros. Se um autor fizer afirmações absurdas que você sabe que são falsas, considere o livro como uma *possível* fonte de informações incorretas.
- Marque seus livros. Sublinhe (com um lápis) passagens importantes ou use marca páginas para indicar seções valiosas. Talvez você queira adicioná-las ao índice (muitos wiccanos fazem isso). (Os puristas às vezes compram uma segunda cópia do mesmo livro e deixam este em perfeitas condições na prateleira.)
- Combine informações de vários livros sobre um tópico específico, como magia, aumento de energia ou construção de círculos. Faça anotações e estude os ensinamentos combinados de vários lugares. Isso pode facilitar o processo de assimilação (e uso) dessas informações e lhe dará uma chance maior de encontrar o que é certo para você (o processo de coletar informações, combiná-las e utilizá-las é uma das partes mais importantes do aprendizado de qualquer nova habilidade, profissão, hobby ou religião. Veja a Parte III deste livro).
- Se os livros forem muito caros para o seu bolso, faça um orçamento diferente ou visite os sebos de sua região. Bibliotecas são outra possível fonte de livros wiccanos, mas não espere encontrá-los em uma estante: eles geralmente são roubados se deixados nas prateleiras. A maioria das bibliotecas mantém livros de ocultismo atrás do balcão ou em armazenamento. Alguns bibliotecários

podem olhar com desprezo para você por ler livros sobre Wicca. Se isso for um problema, digamos que você esteja trabalhando em um artigo, pergunte à pessoa se há algo errado ou simplesmente não diga nada e olhe para o bibliotecário (na verdade, a maioria dos bibliotecários não se importa com quais livros são retirados).

- Finalmente, não veja a leitura como uma atividade passiva. Faça disso um processo ativo no qual você desempenhe um papel vital. Questione tudo, até mesmo este livro e essas instruções. Pense no que você está aprendendo (consulte a próxima seção). Nunca acredite na palavra de um autor. Pesquise temas semelhantes. Lembre-se de "não prejudicar ninguém". Os livros são professores maravilhosos, mas devemos nos permitir ouvir suas mensagens e confiar em nós mesmos para que suas lições possam começar a se desenvolver.

Reflexão

Já mencionei a importância do pensamento independente durante o estudo, processo este que deve perdurar após fechar o livro. Muitos professores wiccanos afirmam que as aulas ministradas são apenas o começo, pois servem de trampolins para o aprendizado contínuo, algo que ocorre somente quando refletimos sobre o que estamos sendo ensinados.

Esse conceito vai de encontro às imposições "pense assim, acredite nisso" que a maioria dos sistemas educacionais deste país propõe. O pensamento independente acerta os pilares da educação convencional e é visto como uma real ameaça à velha ordem. Ele é desencorajado em todos, exceto no nível mais alto de educação e nas disciplinas mais obscuras (programas de mestrado, pesquisa médica, física, e assim por diante).

A reflexão costuma ser combinada com o questionamento. A pergunta inicia o processo de aprendizagem. "Como faço para lançar um círculo mágico?" pode ser respondida por meio da leitura seguida pela reflexão sobre o que foi aprendido. Este processo de pensamento deve se seguir à descoberta de novas informações, se estiverem disponíveis conforme necessário.

Refletir sobre um novo material (como os vários métodos de lançar o círculo) permite que você o examine de perto a fim de eliminar informações insatisfatórias. Se uma consagração de athame publicada o deixar indiferente ou requerir duas pessoas, você pode facilmente colocá-la no arquivo morto de sua mente. Assim, pensar sobre o que você aprendeu se torna parte do processo de eliminar e encontrar sua prática wiccana ideal. Este é um aspecto integrante do processo de aprendizagem.

Tudo o que foi afirmado acima se aplica igualmente a questões relacionadas à natureza da Deusa e do Deus, à reencarnação, à moralidade e a todos os outros aspectos da crença e prática wiccana. Muitos wiccanos solitários iniciantes têm um enorme número de questionamentos a respeito da Deusa: "Como ela é?", "Qual é o melhor método de entrar em contato com ela?", "Ela é mesmo real?", "Posso tocá-la?", "De onde ela veio?", "Quais mitos devo usar?"

Muitos desses questionamentos podem ser respondidos por meio de estudo e reflexão, outros requerem oração e experimentação.

A reflexão também deve ser combinada com o sentimento. Fomos ensinados a desconfiar daquilo que sentimos. Na Wicca, entretanto, podemos perceber que nossas emoções geralmente são o que nos atraiu para a Wicca em primeiro lugar. Seria sensato deixá-las de lado? Acredito que não. A intuição (conhecimento ou sentimento inexplicável constatado em nossas mentes conscientes) é uma forma de percepção psíquica. O uso desta ferramenta enquanto se aprende Wicca é de extrema importância, pois ela é o filtro através do qual você poderá avaliar informações questionáveis. Suas reações a essas informações podem afetar profundamente suas decisões finais.

A reflexão, portanto, é uma parte necessária do aprendizado do wiccano solitário. Ela pode ser resumida da seguinte maneira:

- Determine as perguntas (se necessário).
- Estude para obter conhecimento.
- Determine seus sentimentos a respeito desse conhecimento. Confie na sua intuição.
- Com base nisso, estabeleça quais informações são aplicáveis à sua prática wiccana solitária.

Esses processos são necessários para os wiccanos solitários. Reflita sobre o que você estudou. Confie em si mesmo, em sua intuição, em seus sentimentos. E aprenda.

Oração

A oração é outra ferramenta aberta ao wiccano. Quando você estiver definitivamente preso; quando a informação não puder ser encontrada em livros ou, quando encontrada, o confundir; quando você realmente precisar de ajuda, suplique. Preces desta natureza não precisam ser acompanhadas por um ritual demorado (especialmente se você ainda não determinou suas melhores formas de rituais). Você pode simplesmente acender uma vela ou dar uma caminhada pelo bosque ou parque. Pode orar enquanto acaricia seu gato, ou olha para o fogo, toma um banho de chuveiro ou afunda em uma banheira. Você também pode usar alguma ferramenta popular de adivinhação, como cartas de tarô, um pêndulo ou runas, mas use-as após a oração, não antes.

Mais importante do que a estrutura da oração é a emoção que você coloca e a clareza do seu pedido. Você pode direcioná-lo apenas para a Deusa ou para a Deusa e o Deus. Expresse sua necessidade por tal informação ou por orientação com relação à situação atual e agradeça antecipadamente pela ajuda.

A verdadeira oração é mais do que palavras faladas, pois o devoto libera energia por meio da prece à Deusa e ao Deus. Como a natureza abomina o vácuo, uma resposta aparecerá (veja o capítulo 8 para mais informações sobre a oração wiccana).

Essa resposta pode assumir várias formas. Pode ser algo tão simples quanto uma voz dizendo repentinamente: "Tenho muito a lhe ensinar. Coloque duas velas no altar. Faça sabbats à noite depois que todos estiverem dormindo. Você não precisa se iniciar neste momento. Vinho é bom, mas cidra de maçã ou suco de uva também podem ser usados." Essa comunicação direta com a Deusa é possível porque cada um de nós contém uma centelha de seu fogo divino internamente. No entanto, essa comunicação direta é bastante rara.

Mais comumente, as mensagens podem aparecer de forma simbólica: uma nuvem pode sugerir uma forma, e esta forma pode sugerir uma resposta. Cartas, pedras ou o movimento de um pêndulo podem lhe dar respostas. Preces pedindo por informações antes de dormir podem ser respondidas em sonhos. Registre todos esses sonhos importantes, reflita sobre eles e determine se são relevantes para a sua pergunta. (Durante o sono, a comunicação com a Deusa e o Deus é muito mais fácil, pois a incrédula mente consciente é desconectada e passamos a operar na mente subconsciente (psíquica).

Existem inúmeras outras maneiras pelas quais sua oração pode ser respondida. De repente, você pode encontrar um livro que contém as informações necessárias ou um artigo em uma publicação wiccana que acabou de chegar pelo correio. Orações são sempre respondidas, mas nem sempre de forma direta.

Contudo, lembre-se de que as respostas que recebe podem não ser relevantes para outras pessoas. Se a Deusa falou com você, suas mensagens podem ter pouco ou nenhum significado para outras pessoas. Se você sempre foi fascinado por pedras semipreciosas e ela lhe disser para lançar um círculo com elas, esse conhecimento será correto para você, mas pode ser completamente incorreto para os outros. As revelações divinas são geralmente de natureza pessoal, não global.

Embora o conhecimento recebido desta forma certamente deva ser usado, ele não invalida os métodos de outros wiccanos. Por mais que possamos receber mensagens divinas, ninguém pode ser o porta-voz da Deusa. As respostas recebidas na prece merecem atenção e gratidão (os ritos de gratidão à Deusa e ao Deus podem ser encontrados no capítulo 10).

Não descarte a oração como uma ferramenta de coleta de informações. Parece algo etéreo, mas, quando consideramos sua fonte, é realmente tão surpreendente assim?

Prática

Então, você teve acesso a muitos livros, refletiu sobre o que leu e compilou informações de várias fontes. Filtrou este conhecimento através da peneira de seus sentimentos (intuição) e orou às divindades por ajuda. Qual é o próximo passo? Colocar as informações em prática. Afinal, a Wicca é uma religião viva. As religiões não existem dentro de teorias e planos rituais, elas ganham vida apenas quando estão sendo praticadas e vividas. As formas externas (como os rituais ou o uso de ferramentas) são importantes porque simbolizam processos não-físicos e nos lembram do que estamos fazendo na Wicca em primeiro lugar.

Comece a experimentar várias formas de rituais. Junte-os de várias maneiras, descartando combinações malsucedidas e mantendo aquelas que considerar gratificantes. Perguntas como "Este é o caminho certo?" ou "Estou fazendo errado?" não devem interferir em seu processo criativo. Essas dúvidas apenas atrasarão seu progresso. A experimentação é necessária para determinar todos os aspectos da Wicca solitária, desde festivais sazonais a esbats, técnicas de aumento e envio de poder, rituais mágicos, uso e significado de ferramentas, auto-iniciações e os outros aspectos da Wicca.

Este plano de autoaprendizagem de quatro etapas certamente pode ser valioso para aprimorar suas crenças e práticas wiccanas. O quão importante é a reencarnação em sua prática wiccana? Até que ponto a lei "não prejudique ninguém" deve ser seguida? Qual é a melhor hora para realizar rituais? Deve-se lançar um círculo a cada lua cheia e sabbat? É possível fazer isso em outras ocasiões também? Cada uma dessas perguntas pode ser respondida por meio de estudo, reflexão, oração e prática.

Um guia completo para criar sua própria tradição wiccana solitária e escrever seu próprio Livro das Sombras pode ser encontrado na parte III deste livro. As informações nesse capítulo serão úteis caso decida dar esse passo.

Você pode decidir que nada disso é necessário. Pode encontrar um conjunto de rituais e segui-los, excluindo quaisquer outros. E isso também está ótimo. Mas, quando tiver dúvidas sobre esses rituais, poderá usar o processo descrito neste capítulo para descobrir as respostas. O caminho do wiccano solitário pode ser difícil, mas o aprendizado na base de tentativa e erro é excelente. À medida que sua experiência aumenta, o mesmo acontece com seu conhecimento, e também com seus questionamentos, que o levarão ao *estudo, à reflexão, à oração e à prática.*

Ter acesso a todas as respostas não é o objetivo do wiccano solitário, mas, sim, encontrar a mais importante delas. Podemos encontrá-la praticando nossa religião e também por meio do uso dessas ferramentas de aprendizagem.

2

Sigilo

O SIGILO É ALGO de suma importância tanto na Wicca quanto na magia e algumas palavras a respeito disso se fazem necessárias aqui. Neste capítulo, discutiremos cada tópico separadamente.

Mantendo suas atividades wiccanas em segredo

Em um passado próximo, quando havia muito menos membros de nossa religião e a compreensão pública das religiões pagãs não existia neste país, os wiccanos geralmente eram discretos sobre sua religião. A ameaça de casamentos desfeitos, perda do lar, do emprego e até dos filhos era bastante real e os wiccanos aprenderam a manter suas atividades religiosas nas sombras. Somente parentes ou amigos mais próximos sabiam o que essas pessoas faziam nas noites de lua cheia (e por que sempre pediam folga após os sabbats).

Esses wiccanos geralmente eram membros de covens que haviam jurado sigilo durante suas iniciações. Entre as muitas coisas que não podiam revelar estavam seus nomes mágicos, as identidades de outros membros do coven, as atividades que ocorreriam durante um círculo e os rituais religiosos e mágicos específicos de seu grupo.

Mesmo que alguns wiccanos estivessem dispostos a falar sobre sua religião, a opinião pública e os juramentos de sigilo se voltavam contra eles. A maioria dos wiccanos vivia uma vida dupla: uma relacionada a coisas mundanas, como trabalho, parentalidade, convivência com os vizinhos, e o outra imersa em religião e magia.

Hoje, o cenário mudou um pouco. Cada edição da *Circle Network* lista um grande número de artigos positivos sobre a Wicca que apareceram em revistas e jornais de interesse geral. Artigos sobre wiccanos e adoradores da Deusa apareceram na primeira página do *Wall Street Journal* e *talk shows* trazem episódios de "bruxa", em que wiccanos convidados discutem sua religião.

Essa abordagem expandiu enormemente a consciência da existência de nossa religião entre os não wiccanos. As pessoas podem até ter ideias incorretas sobre a Wicca, mas foram expostos à sua existência.

Wiccanos renomados às vezes são convidados a explicar sua religião às congregações cristãs. Muitos trabalham diretamente com presidiários, assim como o faz o clero de outras religiões. Alguns grupos wiccanos são reconhecidos pela receita federal como igrejas isentas de impostos (embora a Wicca como um todo não tenha recebido esse reconhecimento). O Exército dos Estados Unidos tem instruído seus capelães a reconhecer a Wicca como uma religião alternativa legítima e, ocasionalmente, artigos sobre a Wicca aparecem na seção de religião dos jornais.

Ainda assim, o clima predominante é de confusão, dúvida e medo. Aqueles que foram educados para acreditar em uma única fé se sentem ameaçados quando outra forma de religiosidade se faz presente, especialmente uma tão incompreendida como a Wicca, o que leva, muitas vezes, ao uso da violência e até mesmo ao assassinato.

Essas reações são o resultado direto da desinformação continuamente sendo alimentada para um público desavisado. As principais fontes dessas mentiras são os evangelizadores da televisão (que já tiveram seus dias de glória e agora estão desaparecendo), e muitos pregadores de pequenas cidades continuam a falar de nós como demônios satânicos matadores de crianças com um objetivo: governar o mundo. Mesmo a recente "Nova Era", promulgada pela mídia, tem sido amplamente discutida como uma ameaça satânica ao Cristianismo.

Embora saibamos que isso é absurdo, muitos não wiccanos não têm esse conhecimento. Em um clima tão hostil, seria prudente revelar sua religião a seus pais, cônjuge, filhos, amigos, patrões, proprietários e vizinhos? Se apenas para alguns deles, quais? Essa revelação poderia criar raiva, medo e desentendimentos a ponto de você desejar nunca ter dito nada?

Seu cônjuge pode ficar indiferente, seu chefe pode demiti-lo, seus vizinhos podem evitá-lo, seus pais podem ficar extremamente angustiados (se forem adeptos a uma religião mais convencional), seu senhorio pode avisá-lo para se retirar com trinta dias de antecedência ou aumentar seu aluguel. Tudo isso é possível.

Mas há uma alternativa. Dizer ao seu cônjuge que você está praticando uma religião diferente pode realmente fortalecer seu vínculo "Bem, pelo menos você acredita em algo" ou por um fim em questões não resolvidas "Então é isso que você tem feito à meia-noite uma vez por mês..." Um chefe compreensivo pode deixar você ter dias de folga para suas práticas religiosas. Seus vizinhos saberão que não irá aparecer nas noites de lua cheia. E seu senhorio? Bem, talvez seja melhor não contar a todos. Você deve pesar cuidadosamente essa decisão, pois tal revelação pode afetar rapidamente o seu local de residência.

A decisão de dar ou não a notícia a outras pessoas, quando e a quem deve ser baseada em seu conhecimento da Wicca, em seu envolvimento na religião (depois de um tempo, pode se tornar bastante difícil escondê-lo), em seus relacionamentos com aqueles que você pode contar, o clima religioso predominante em sua área, e a facilidade com que você pode discutir um assunto tão pessoal como religião.

Geralmente, não é necessário fazer tal revelação, nem mesmo para seu companheiro. Se ele perguntar, você pode até querer abordar o assunto, mas ninguém tem o direito de saber o que você faz em 31 de outubro. A liberdade religiosa é apenas isso – liberdade de religião, liberdade de religiões opressoras e liberdade de discutir sua fé.

Por treze anos, morei no segundo andar de um apartamento em um bairro violento. O prédio pertencia a um cristão renascido que tinha uma loja de armas e um negócio de conserto de aspiradores de pó ao lado do prédio. Eu via esse homem diariamente. Ele esteve em meu apartamento muitas vezes e eu conheci muitos de seus familiares. Enquanto morei lá, publiquei dez livros de magia e sobre a Wicca, dei incontáveis entrevistas na televisão, no rádio e no jornal, ministrei centenas de aulas na área, realizei muitos rituais e fui anfitrião de reuniões de coven dezenas de vezes. Eu costumava olhar para as estrelas à noite, recitar encantamentos sobre as ervas e plantas que cultivava na minha varanda, meditar diante de tempestades. Em todos os sentidos, agi como um wiccano.

No entanto, durante todos aqueles anos, meu senhorio nunca comentou comigo qualquer coisa relacionada à minha religião. Sim, ele costumava escrever recibos de aluguel no verso de folhetos religiosos, mas o assunto simplesmente nunca era mencionado. Eu segurava minha língua, e ele segurava a dele, e tínhamos uma relação comercial satisfatória.

Se eu tivesse entrado em sua loja um dia e anunciado que era bruxo, ele certamente teria me mandado embora. Minha decisão de não discutir minha religião me permitiu morar em um apartamento grande, com aluguel barato, por muitos anos durante meus difíceis dias como escritor.

A decisão de informar outras pessoas sobre sua condição de wiccano deve ser pessoal, mas vou lhe dar um conselho: muitas pessoas simplesmente não se importam com o que você acredita ou quem você invoca. Elas não se interessam pelo assunto.

Alguns wiccanos decidem dizer ao mundo que são wiccanos (ou "bruxos") apenas para chocar, para atrair atenção, ganhar dinheiro e inflar seus egos. Esta é a pior razão para se revelar sua religião a outras pessoas.

Sigilo Mágico

Praticamente tudo o que foi dito acima também se refere à prática da magia, mas outros fatores são pertinentes apenas a este assunto. Magia, como projeção de energias naturais para manifestar as mudanças necessárias, é uma parte vital da Wicca. Dentro do círculo, enviamos energia para o nosso planeta, ajudamos na cura dos enfermos, nos protegemos, atraímos o amor para nossas vidas e plantamos as sementes para muitas mudanças.

A magia pode ser uma atividade diária. Muitos wiccanos praticam magia popular por meio da criação de amuletos e misturas de ervas encantadas, bem como o uso de pedras e outros objetos naturais cheios de energia para criar as mudanças necessárias. Tais mudanças podem ser pequenas e, às vezes, bem grandes. A magia popular geralmente não é praticada dentro círculo. Esta seção discutirá o sigilo tanto para rituais quanto para a magia popular.

É comumente acreditado que o sigilo é absolutamente essencial para a magia de sucesso. Não fale de seus trabalhos mágicos, nos disseram. Não conte a seus amigos sobre seu interesse em magia, muito menos discuta o ritual da vela que você realizou na noite passada. Fique quieto, nos disseram. Não fale.

Algumas razões são dadas para este segredo mágico. Alguns dizem que falar de suas operações mágicas dispersa as energias que você colocou nelas. Outros afirmam que os não mágicos que ouvirem sobre seus rituais irão, simplesmente, por não acreditar na magia, inconscientemente enviar energias que bloquearão a manifestação do seu feitiço. Alguns wiccanos afirmarão que o sigilo sobre as tendências mágicas de uma pessoa já foi uma necessidade para salvar a própria pele (isso com certeza é verdade.) Para alguns, o segredo aumenta a misteriosa qualidade da magia. Outros não dão nenhum motivo, simplesmente repetem o antigo código: "Fique em silêncio".

Isso é superstição? Possivelmente. A magia ainda é uma prática um tanto incerta. Afinal, estamos usando energias que mesmo os físicos ainda não foram capazes de localizar ou identificar. Podemos ter visto a eficácia de nossos rituais mágicos. Podemos até ter contado a alguns amigos próximos sobre esses rituais antes de suas manifestações, sem efeitos nocivos. Mas logo a questão do sigilo pode rastejar de volta à nossa consciência.

"Devo falar sobre essas coisas?", alguns vão perguntar. "Afinal, aquele livro afirmava que dar com a língua nos dentes estraga feitiços. Uma wiccana que conheço faz rituais o tempo todo, mas ela só me fala sobre eles depois que eles fazem efeito. E tenho certeza de que há muitos wiccanos que nunca dizem uma palavra sobre seus ritos mágicos."

A dúvida obscurece a mente do wiccano solitário e logo ela ou ele não faz mais nenhuma menção sobre magia a outras pessoas, mesmo aquelas que compartilham da mesma opinião. O sigilo foi mais uma vez conferido ao processo. Isso é lamentável e desnecessário. A verdadeira magia é ilimitada. Falar de um ritual para os outros não dispersa suas energias. Pelo contrário, dá a você outra oportunidade de enviar rapidamente mais poder para seu objetivo mágico.

A falta de fé também não é uma razão satisfatória para o sigilo mágico. A descrença dos outros tem tanto efeito sobre a magia quanto a dúvida de uma pessoa não escolarizada de que uma calculadora pode somar dois e dois para igualar quatro. A calculadora funcionará, independentemente da dúvida do observador. O mesmo acontecerá com a magia. Executada corretamente, a magia será eficaz. Se a energia for elevada dentro do corpo, programada com intenção e projetada em direção ao seu objetivo com a força e visualização adequadas, ela será eficaz.

Esta manifestação pode não ocorrer da noite para o dia e muitas repetições do ritual mágico podem ser necessárias, mas geralmente são eficazes se o wiccano souber usar esse processo.

O sigilo em relação aos ritos mágicos é algo bastante limitante e, de fato, pode reduzir sua eficácia. Esta é uma declaração bizarra, então é melhor eu explicar. Se uma pessoa realmente sente que o sigilo é necessário para realizar um rito de magia eficaz, ela ou ele aceitou que há certa limitação à eficácia da magia. A aceitação de qualquer forma de limitação na magia reduz a capacidade do wiccano de elevar e enviar energia, pois gera dúvidas em sua mente de que a magia não é uma força todo-poderosa que, executada corretamente por pessoas devidamente experientes, pode realmente se manifestar maravilhosas mudanças positivas.

Limitações (como o sigilo) são prejudiciais à prática eficaz da magia – tanto ritual quanto popular. Se aceitarmos uma limitação, corremos o risco de também aceitar aquelas que lemos em livros ou ouvimos de outras pessoas. Os exemplos incluem: não se pode realizar um ritual positivo durante a lua minguante. Deve-se verificar a fase lunar antes de realizar qualquer ritual. Cronometrar incorretamente fará o ritual fracassar. Deve-se ter todos os ingredientes listados em um feitiço de magia popular, pois a substituição de um item por outro irá torná-lo nulo. Existem muitas outras e todas são absurdas.

A terceira razão frequentemente oferecida para o segredo mágico, tradição transmitida desde os tempos remotos, quando o segredo era necessário para salvar o pescoço, é, pelo menos, historicamente precisa. Felizmente, falar de rituais mágicos para amigos próximos hoje provavelmente não fará com que você seja enforcado. O último fundamento lógico, de que o segredo aumenta a natureza misteriosa da magia, pode ser necessário para alguns no início de suas experiências mágicas. Em breve, eles perderão a necessidade de tais configurações mentais de palco.

O sigilo, então, não é uma parte necessária da magia. Não é garantia de sucesso e pode bloquear sua magia. Isso não significa que você deva andar por aí usando uma placa que diz: "Fiz um ritual de dinheiro ontem à noite!". Também não significa que você deva discutir seus assuntos mágicos com outras pessoas, especialmente se estiver trabalhando em assuntos intensamente privados.

É perfeitamente normal ficar quieto sobre suas atividades mágicas, contanto que suas motivações não sejam limitantes. Se você não deseja discutir suas atividades mágicas com outras pessoas, não o faça. Não porque algum wiccano escreveu que você não deveria, mas porque você não quer. O segredo em relação à magia é repleto de superstições que não têm lugar na vida de wiccanos solitários.

3

Devo fazer isso enquanto estiver doente?

O QUESTIONAMENTO "a doença e os rituais wiccanos se misturam?" é importante, mas raramente é mencionado nos livros wiccanos. Por quê? Informações dessa natureza geralmente são fornecidas pela Suma Sacerdotisa, pelo Sumo Sacerdote ou por outro wiccano experiente. Este é o tipo de pergunta que geralmente não surge até que o aluno esteja resfriado ou tenha tomando um medicamento poderoso e prescrito. O assunto é tão importante que merece um capítulo nestas páginas.

Quando muitos solitários começam a praticar Wicca, eles costumam odiar adiar rituais por qualquer que seja o motivo, incluindo doença. Muitos membros do coven pensam da mesma maneira. Isso é algo sábio a se fazer?

Muitos tipos de doenças geram mudanças drásticas nos humanos. Algumas delas são físicas, outras mentais, emocionais, espirituais ou psíquicas. Tais alterações temporárias são benéficas ou prejudiciais ao desempenho do ritual wiccano?

Essas perguntas podem ser parcialmente respondidas analisando-se as doenças e seus efeitos. Todas as informações aqui pertencem exclusivamente a rituais religiosos wiccanos e são generalizadas, por isso você deve usar seu próprio julgamento. Esteja atento aos sinais de seu corpo. Geralmente ele dará indícios. Obrigar-se a realizar rituais wiccanos enquanto enfrenta doenças e condições desafiadoras pode ser perigoso (para obter informações sobre como fazer magia durante uma enfermidade, consulte o final deste capítulo.

Enfermidades e Ritual Religioso wiccano

Mudanças físicas

Os aspectos físicos da doença geralmente são os mais óbvios, então começaremos aqui. Algumas doenças criam uma acentuada falta de energia. Pode ser difícil andar pela sala, quanto mais lançar um círculo. Nesse caso, um ritual com atividade física limitada é claramente indicado.

Fazer lançamentos com pés, mãos, braços e outros membros quebrados pode ou não restringir sua habilidade de montar um altar e segurar um Livro das Sombras. Pelo menos, ao fazer isso, você não colocará mais em risco sua saúde. Seus movimentos no círculo, no entanto, pode ser que sejam limitados, portanto, evite seguir as instruções do ritual de maneira servil. Adapte-as de acordo com sua condição física atual.

Se o seu médico ordenou que você repousasse ou lhe disse para ficar de pé, siga as instruções dele. Adapte o ritual a uma experiência puramente verbal e mental ou espere até que você se recupere.

Mudanças Mentais

Quando se está doente, dependendo do tipo de enfermidade, incluindo resfriados, geralmente ocorre uma mudança pronunciada de consciência. Leve tontura, pressão sinusal, temperatura elevada, dor e outros sintomas podem criar as mais notáveis alterações na consciência, mesmo em pessoas que não tentaram mascarar os sintomas com remédios. Esse estado de consciência pode emprestar ao wiccano uma percepção radicalmente diferente do mundo e isso pode atrapalhar o ritual.

Se você estiver cambaleando e não conseguir se concentrar, é melhor evitar trabalhar com facas mágicas, chamas, incenso e outras ferramentas potencialmente perigosas. Se você estiver se sentindo sucetível a "ficar aéreo" (isto é, ser hipnotizado por objetos, adormecer ou esquecer completamente o que está fazendo), é melhor simplesmente sentar-se ou deitar-se confortavelmente e fazer pouco esforço.

Você pode sussurrar uma prece à Deusa e ao Deus, meditar sobre uma imagem ou talvez desenhar um símbolo e se concentrar nele. Se você simplesmente não conseguir se concentrar por tempo suficiente para formular qualquer tipo de ritual, provavelmente é melhor deixar isso de lado por enquanto e retomar os rituais quando você for capaz de fazê-lo novamente.

Mudanças Emocionais e Espirituais

Sejamos honestos, a maioria de nós não se sente bem quando está doente. Podemos ficar mal-humorados, irritados, com dificuldade de nos mantermos presentes, deprimidos, preocupados e estressados. Essas mudanças emocionais muitas vezes nos fazem pensar: "Por que devo me preocupar em fazer um ritual? Estou tão mal que acho vou explodir." Às vezes, simplesmente não estamos bem-dispostos. Isso é bastante natural, e se você realmente não quiser fazer um ritual, não faça. Isso não é uma competição.

Por outro lado, se você for fisicamente capaz de fazê-lo, realizar o ritual pode realmente fazer você se sentir melhor. O ritual wiccano eficaz, que pode ser difícil de ser realizado durante os períodos de doença, nos dá um impulso espiritual, o que, por sua vez, nos faz sentir melhor. Finalmente, uma simples oração à Deusa e ao Deus pode confortá-lo e dar a você um foco diferente do que o de sua doença.

Mudanças Psíquicas

A doença pode ter grandes efeitos em nossa consciência psíquica. Embora possa parecer não ser importante durante um ritual, nossa capacidade de entrar em nossas mentes psíquicas é necessária para sua eficácia. O ritual é frequentemente vazio e mecânico sem esta ligação das duas mentes (consciente e psíquica).

Pode ser que você tenha a capacidade de realizar um ritual wiccano física, mental e emocionalmente, mas, ao sentir que está fisicamente paralisado, fazê-lo provavelmente não seria uma boa ideia.

Medicamentos Isentos de Prescrição e Controlados

As reações a medicamentos são talvez o fator mais importante na determinação da realização de rituais wiccanos durante a doença. O vasto número de drogas agora em uso e seus diversos efeitos tornam impossível falar com precisão. Muitas drogas não têm efeito sobre a consciência, não alteram as emoções, não têm efeito fisiológico perceptível e deixam a mente psíquica em paz. No entanto, outros (com e sem receita) podem justamente causar essas reações. Entre eles, é claro, estão os narcóticos. Se você sentir que está tendo efeitos colaterais negativos, limite o trabalho ritual enquanto estiver sob a influência deles.

Você deve usar seu julgamento e bom senso para determinar se a enfermidade ou os medicamentos prescritos interferirão em seu ritual wiccano. Se o seu médico lhe disser para ficar na cama, fique na cama e esqueça seu círculo. Se você acabou de levar pontos, não faça uma dança extática para a Deusa ao redor do altar, não importa o quanto você queira. Se você estiver sofrendo de problemas pulmonares, não queime incenso. Se você estiver tomando um medicamento que proíba o uso de álcool, não beba vinho após o ritual. wiccanos solitários podem fazer rituais a qualquer momento e, se necessário, atrasar ou perder o ritual também. A doença é uma razão legítima para pular o ritual.

Não acredite na ideia de que você não será um verdadeiro wiccano se não puder carregar uma vela durante o ritual de Imbolc por estar confinado à sua cama. Perder um ritual devido à doença, enfermidade ou influência de remédios controlados de forma alguma o torna um wiccano inferior. Na verdade, tal decisão prova sua inteligência e crescente experiência como wiccano: você decidiu evitar realizar o que muito provavelmente seria um ritual sem energia e contato verdadeiro com a Deusa e o Deus.

Magia e Enfermidades

Praticar magia durante períodos de doença pode ou não ser uma ação positiva, pois é um momento propício para feitiços de autocura. Contudo, feitiços por outros motivos devem ser adiados, não importa o quão importante o trabalho possa ser. Esperar até que você esteja bem não só permite que você dê ao rito mágico toda a sua atenção, mas também garante que você será capaz de manipular quantidades muito maiores de energia.

Quando estamos doentes, nossos corpos reduzem as reservas de energia (nosso poder pessoal). Não apenas deixamos de produzir o de costume, como também passamos a usar mais energia para nos curarmos. Com isso, menos energia estará disponível para qualquer outra tarefa física, incluindo magia. Esta reserva reduzida pode tornar a realização de magia durante doenças graves bastante perigosa, pois você está atraindo a energia que, de outra forma, estaria trabalhando para curá-lo. Isso pode estender a duração da doença ou retardar a cicatrização de feridas.

Dar voluntariamente esta energia para resolver os problemas de outra pessoa é uma ação boa e nobre, mas em qualquer outra ocasião. Quando você está doente, você deve ser o número um. Use essa energia para se curar. Mais tarde, você estará saudável para cuidar do resto do mundo. Resumindo: não pratique magia, exceto pela autocura em caso de doença.

4

Nomes mágicos

Muitos livros discutem a adoção de um nome wiccano (mágico). A concessão cerimonial de tal nome ao iniciado faz parte de muitas cerimônias de iniciação e, posteriormente, o novo wiccano é chamado exclusivamente por este nome dentro do círculo.

Os nomes mágicos são bastante populares entre os wiccanos, tão populares que muitos têm dois ou até três: um nome público de Ofício (usado em reuniões wiccanas, na escrita de artigos e coisas do tipo); um nome secreto (aquele concedido durante a iniciação); e talvez até um terceiro nome, que é usado somente quando o wiccano se dirige à Deusa e ao Deus, conhecido apenas pelos três. wiccanos que são membros de mais de uma tradição podem ter diferentes nomes para cada grupo. Para muitos wiccanos, assumir um novo nome é um símbolo notório de sua devoção à Wicca. Tê-lo é visto como parte do processo de renascimento na religião.

Ao longo da história, nomes passaram a ter considerável importância mágica. O nome de um espírito, por exemplo, precisava ser pronunciado antes que ele pudesse ser exorcizado de um enfermo na antiga Suméria, Babilônia e Assíria. No Havaí, bebês recebiam nomes repulsivos para protegê-los do mal durante seus primeiros anos de vulnerabilidade. Um nome mais adequado era dado à criança quando ela atingia certa idade e ficava menos suscetível às astutas ciladas dos espíritos malignos. Em algumas culturas, as mães atribuem um nome secreto aos filhos. Esse nome "real", conhecido apenas pela mãe, protege a criança e o nome comum pelo qual ele ou ela é chamado não tem poder sobre eles. Em nosso próprio país, a numerologia é usada para descobrir o poder de nossos nomes, e muitas pessoas mudam a forma como são chamadas para avançar em suas carreiras.

Com toda essa importância atribuída aos nomes, não é difícil de entender por que muitos wiccanos usam nomes de Ofício. Embora eu não tenha discutido esse assunto em *Wicca: Um Guia para o Praticante Solitário*, ele merece alguns comentários aqui.

Para ir ao cerne da questão: é necessário que você adote um nome wiccano? Se você deseja que sua tradição Wicca corresponda ao máximo possível à Wicca convencional, sim. Se você se sentir livre diante dessas restrições, a adoção de um nome especial não é necessária. Mais uma vez, a decisão é exclusivamente sua.

A principal razão para utilizar um nome de Ofício, como mencionado acima, é que ele o representa como wiccano. Para alguns, o uso desse nome lhes dá uma sensação de poder e mistério que, de outra forma, não sentiriam. Vivemos em um mundo tão material que pode ser realmente difícil "ligar" o lado mágico de nossa natureza. Assim, o uso de um nome wiccano pode ajudar a alterar a mente consciente e a prepará-la para o ritual.

Algumas pessoas usam uma abordagem totalmente diferente: elas adotam legalmente seu nome wiccano. Então, Sally Thompson se torna Amber; Frank Jones, Greywolf. Esse nome pode até aparecer em carteiras de motorista, contratos de aluguéis e outros documentos. Essa via legal é desaconselhável, a menos que você seja completamente aberto sobre sua religião, uma vez que tal nome naturalmente chamará a atenção para o seu portador. Embora muitos afirmem que optaram por usar seu novo nome em detrimento do antigo puramente por razões espirituais, a maioria também está fazendo uma declaração pública sobre sua religião, e nem todos nós estamos prontos para tal passo.

Como você encontra seu nome mágico?

Existem muitas abordagens. Alguns wiccanos adotam o nome de uma deusa ou deus, em homenagem a eles. Outros olham para a história cultural de sua família e escolhem um nome do folclore associado a ela: uma pessoa com ascendência britânica pode optar por um nome do folclore britânico. Muitos wiccanos americanos contemporâneos incorporam um animal em seu nome, como "Lobo uivante" ou "Águia arrebatadora". Nomes de flores e plantas (como Rosa, Carvalho, Bosque, Abeto, Freixo) são outras possibilidades.

Você também pode simplesmente inventar um. Muitos nomes wiccanos consistem em duas palavras que foram colocadas juntas. Esses nomes geralmente são bastante descritivos.

Alguns nomes famosos da Wicca foram publicados. Gerald Gardner (uma das pessoas que transformou a Wicca na religião como a conhecemos hoje) usou publicamente o nome Scire. Pelo menos um dos nomes mágicos de Doreen Valiente era Ameth. Um conhecido Sumo Sacerdote adotou Phoenix como seu nome público de Ofício. Ainda há outros nomes populares como: Morgan, Morgana, Morgana, Morgraine, Lugh e Arthur (todos associados à mitologia celta); Ariadne, Diana, Hermes, Poseidon, Cassandra e Triton (mitologia grega e romana); Selket, Ma'at, Osiris e outros nomes egípcios. Entre os nomes mais comumente usados estão Amber, Phoenix e Merlin. Chamar um desses nomes em uma reunião pagã geralmente chama muita atenção.

Portanto, há muitas possibilidades para se escolher. Se você decidir usar um nome wiccano em um ritual, use-o sempre. Use-o em oração. Use-o em rituais. Escreva-o, em rúnico ou em inglês, em suas ferramentas. Você pode até querer realizar algum tipo de ritual de adoção de nome. Isso pode consistir em lançar um círculo e invocar a Deusa e o Deus para estarem presentes e pedir-lhes que o reconheçam pelo seu novo nome. O uso de um nome de Ofício pode não lhe dar nenhum poder adicional, mas é uma prática tradicional e muitos gostam disso

5

Auto-iniciação

O ASSUNTO MAIS POLÊMICO no livro que antecede este foi, sem dúvida, o capítulo sobre iniciação. Muitos revisores de livros wiccanos ficaram descontentes com uma simples ideia apresentada naquele capítulo: que a iniciação nem sempre é um processo que um ser humano realiza em outro. Alguns interpretaram mal minhas palavras a ponto de acreditarem que eu afirmei que a iniciação deveria ser evitada a todo custo – uma conclusão curiosa sobre minha escrita (não surpreendentemente, esses comentários foram feitos por membros iniciados do coven). Alguns críticos presumiram que de fato eu nunca tinha sido iniciado e que essa era a razão para minhas visões "incorretas" sobre o assunto.

Existem muitos tipos de iniciações. Algumas são executadas em um círculo com outros wiccanos. Outras ocorrem individualmente. Há também aquelas nunca são realizadas e acontecem espontaneamente na vida de um estudante wiccano. A iniciação em um coven (portanto, na Wicca) é eficaz apenas se o iniciador e o candidato estiverem em perfeita harmonia, trabalhando dentro de um sistema ou tradição wiccano mutuamente satisfatório. Já vi iniciações malfeitas e gloriosas. É preferível não fazer qualquer iniciação se esta for realizada pelos motivos errados (egoísmo, poder sobre os outros), pela pessoa errada ou pelo coven errado. O rito em si não é tão importante quanto seu impacto no candidato e o espírito com que é realizado.

Embora uma iniciação física não seja necessária para praticar a Wicca, ela é uma declaração ritual de lealdade ao Ofício. O iniciado pode, daquele dia em diante, alegar claramente ser wiccano por haver uma data específica que cerimonialmente iniciou esse parentesco. Isso é essencial para alguns, mas, para outros, é de pouca ou nenhuma importância. Você tem o direito de realizar uma auto-iniciação. Ninguém pode tirar isso de você. Se você trabalhou em rituais wiccanos, conheceu a Deusa e o Deus, ficou confortável com a Wicca e decidiu que esse é o seu caminho, não há razão na terra verde da Deusa para você não se submeter a uma auto-iniciação. Você pode desejar realizar uma auto-iniciação encontrada em um livro, adaptar uma iniciação em grupo, ou criar uma (o rito incluído no capítulo 12 de *Wicca* é uma autodedicação, não uma iniciação, mas, pode ser incorporado a uma iniciação completa).

Antes da auto-iniciação, avalie se você ganhou experiência wiccana o suficiente para entrar na Wicca. A experiência do ritual wiccano é essencial antes de se autoiniciar (apenas a leitura não conta). Um rito de auto-iniciação realizado por uma pessoa após, digamos, um ano de estudo e rituais realizados será um evento rico e espiritualmente significativo. O simples fato de o rito ter sido precedido pela experiência o torna genuíno. Em outras palavras, não se pode virar wiccano (mesmo solitário) da noite para o dia.

Este período de autotreinamento e experiência é absolutamente vital. Sim, você aprenderá os usos das ferramentas, os significados dos sabbats, como lançar um círculo, mas também irá se encontrar com a Deusa e o Deus. Sintonizar-se e estabelecer um relacionamento com eles é o coração da Wicca, e isso requer tempo e dedicação.

Posso até ouvir as reclamações.

"Claro, mas durante algumas iniciações, o iniciador é quem transfere poder para o candidato." *Durante uma auto-iniciação, a Deusa e o Deus transferem poder para o candidato.*

"Mas essas iniciações não serão reconhecidas pelos covens." *Wiccanos solitários não pertencem a covens.*

"Iniciações reais são feitas para alterar a consciência dentro do candidato." *O mesmo ocorre com as auto-iniciações adequadamente projetadas.*

"As verdadeiras iniciações simbolizam a morte do antigo eu (não wiccano) e o renascimento da pessoa wiccana." *Isso pode ser incorporado nas auto-iniciações.*

A auto-iniciação é basicamente o que você faz, porém, para resultados mais satisfatórios, todo ritual deve incluir as seguintes etapas (o que eu exponho a seguir é um esboço de ritual básico. Deixei de fora coisas como acender velas e carvão):

- Algum tipo de purificação (um chuveiro ou banheira está ótimo).
- Preparação do altar (use quaisquer ferramentas com as quais você normalmente trabalha)
- Lançamento do círculo (embora isso não seja absolutamente necessário, certamente aumenta a atmosfera. O ideal é que você já tenha bastante experiência em lançar o círculo antes da iniciação. Se você se sentir confortável lançando o círculo, lance-o, caso contrário, prossiga).
- Invocações à Deusa e ao Deus (podem ser aquelas que você faz em seu trabalho ritual wiccano diário ou aquelas feitas especialmente para este rito).
- Uma morte simbólica de seu antigo eu, não wiccano (seja criativo. Isso pode consistir em envolver-se em um tecido preto, vendar-se enquanto estiver sentado diante do altar, não enquanto caminha, é claro, ou até mesmo cantar um canto fúnebre. Crie uma oração apropriada para este momento. Após um bom tempo de meditação e reflexão, descarte tudo aquilo que é danoso com um grito de alegria).
- Ore novamente à Deusa e ao Deus, consagrando-os. Afirme que agora você é um wiccano. Se você escolheu um nome mágico (veja o capítulo 4), diga-o em voz alta: "Eu, Dione, agora sou um wiccano" seria uma fórmula adequada para inclusão em sua oração dedicatória.
- Relaxe no círculo por alguns minutos. Observe as chamas da vela. Se você trouxe bolos e vinho para o círculo, é hora de consagrá-los e de compartilhar o amor manifestado da Deusa e do Deus. Quando você terminar sua refeição sagrada, agradeça à Deusa e ao Deus por sua presença e desfaça o círculo.

Wiccanos convencionais podem argumentar contra esse plano de auto-iniciação, mas ele é eficaz. Eu o apresentei aqui para que outros possam usá-lo como base para criar os seus.

A Deusa e o Deus, como fonte de toda a vida, saúde, comida, a terra, as estrelas, o sol, a lua e o universo, são também as verdadeiras fontes de iniciação.

A auto-iniciação é um ritual importante e não deve ser realizado levianamente. O wiccano deve estar pronto para a mudança espiritual e física após este rito. Afinal, depois de passar por uma auto-iniciação, você não é mais um mero estudante, você é um wiccano: um dos poucos humanos restantes que decidiram ultrapassar o véu do mundo materialmente estruturado. Você agora é um daqueles que respeita a terra, que derrama vinho em taças sagradas à luz de velas rodeadas pela fumaça do incenso, que comunga com a Deusa e o Deus em meditação privada, que usa a magia com alegria como uma ferramenta de mudança positiva.

A auto-iniciação é uma afirmação maravilhosa de nossa dedicação à Wicca, quando realizada por razões positivas, no momento apropriado e no estado de espírito adequado. Se você ainda não se juntou a nós ritualmente, saberá se, e quando, for a hora. A iniciação é nada além do que o início de uma nova vida.

6

Os Mistérios wiccanos

Alguns leitores e críticos reclamaram que os livros wiccanos, incluindo o meu, não contêm "mistérios wiccanos". De fato. A maioria dos livros escritos sobre a Wicca são visões gerais de sua prática ou instruções para o iniciante. Os escritores wiccanos podem facilmente se prenderem à descrição de lançamentos de círculos, ao uso adequado de ferramentas, aos conceitos de divindades e dinâmica de grupo. Há pouco espaço nesses livros para o misticismo.

No entanto, há outro motivo. Os mistérios são, por sua própria natureza, difíceis de enquadrar na linguagem. Eles não podem ser ensinados de verdade, podem apenas ser experimentados. Muitos se manifestam em outros planos de existência. Outros têm profundos efeitos emocionais, psíquicos ou espirituais. Alguns ocorrem apenas entre um wiccano e a Deusa, outros entre dois ou mais wiccanos em círculo.

Talvez seja melhor eu definir meus termos. Primeiro, o termo "mistérios wiccanos", como eu uso aqui, não se refere a rituais secretos, orações ou técnicas mágicas, não importa o quão secretos ou eficazes elas possam ser. Em vez disso, refere-se a experiências espirituais extraordinárias e revelações da mais alta ordem da Deusa e do Deus. Os mistérios wiccanos jamais poderão ser exibidos externamente. Sabbats e esbats wiccanos os celebram, mas apenas de forma simbólica.

Se você está totalmente confuso neste ponto, está tudo bem. Afinal, esses são os mistérios wiccanos, e este não é o tópico mais fácil de escrever ou discutir.

Uma das queixas de muitos wiccanos solitários é que seus rituais parecem carecer de um envolvimento mais profundo e grande significado espiritual. Existem muitas origens possíveis para esse problema, mas pode muito bem ser uma falta de conhecimento dos mistérios wiccanos. Esse conhecimento interno, quando invocado em um ritual, aprimora muito os procedimentos.

Por quê? Porque, como afirmado anteriormente, a maioria dos rituais wiccanos são, de alguma forma, celebrações dos mistérios wiccanos. Isso pode lhe dar uma pista imediata quanto à natureza dos mistérios: o que são os sabbats?

O principal conceito externo é a observação das estações. Assim que começar a olhar para elas, você encontrará um rico tesouro de possível material de mistério wiccano. Em mistérios, tudo é simbólico e bastante real.

A maioria dos mistérios wiccanos se relacionam com a Deusa e o Deus e foram colocados dentro do contexto de atividades sagradas. Outros são mais centrados na terra, mas, uma vez que a Deusa é a terra, voltamos para ela.

É possível que você se depare com esses mistérios. Todos os conhecimentos e mistérios acumulados das tradições wiccanas foram descobertos em algum momento. Você certamente pode continuar este processo para dar corpo e profundidade à sua prática wiccana. Os mistérios wiccanos podem ser descobertos durante a meditação em ambientes rituais. Eles podem ser percebidos durante uma caminhada, aparecer em nossas mentes durante o sono ou até mesmo vir em resposta a orações fervorosas à Deusa e ao Deus. Esses segredos arcanos geralmente são revelados apenas para aqueles que estão realmente envolvidos com a Wicca, pois quem mais precisaria deles?

Por outro lado, alguns mistérios wiccanos estão constantemente ocorrendo ao nosso redor, onde vemos o toque divino da Deusa e do Deus. No entanto, tais processos somente se tornam mistérios wiccanos uma vez que ficamos totalmente cientes deles em todos os níveis de nosso ser.

Isso é um pouco confuso, mas aqui está um exemplo. Uma maçã madura cai no chão. Ela se decompõe. Solo fresco é espalhado sobre os frutos caídos. A chuva cai. O sol aquece a terra. Um broto surge de uma semente contida na maçã. Dentro de alguns anos, uma nova macieira se ergue onde o fruto havia caído. Uma maçã madura cai no chão. Como isso é um mistério wiccano?

- Esses processos (queda e ascensão, morte e renascimento, etc.) são governados e criados pela Deusa e pelo Deus, as únicas fontes de fertilidade, vida e morte.
- Esses processos naturais não se relacionam apenas com maçãs, tais ciclos são evidentes em todo o mundo.
- Um wiccano conscientiza-se desse processo observando a queda da maçã e vendo-a eventualmente brotar. Ao restringir seu foco a este único ciclo, por pelo menos alguns minutos a cada dia, o wiccano alinha sua consciência com os processos da Deusa e do Deus. Ela ou ele pode meditar mais sobre o significado deste processo.
- Este realinhamento de consciência cria uma nova percepção da Deusa e do Deus dentro do mundo e dentro de si. Essa maior consciência cria conexões espirituais mais profundas com eles. Além disso, a maçã que serviu de ensinadora pode se tornar uma ferramenta ritual poderosa e profunda na prática religiosa deste wiccano, simbolizando vida, morte e renascimento – três dos maiores mistérios que já fizeram a humanidade quebrar muito a cabeça.
- Finalmente, a jornada da maçã pode se tornar uma memória espiritual potente que abre imediatamente as avenidas de prata e ouro para a Deusa e para o Deus. Na mente deste wiccano, a maçã se torna mais do que uma memória de uma fruta, mais do que um símbolo: ela se torna um elo direto entre eles e nós, um lembrete tangível de coisas intangíveis, um símbolo que não está apenas entre os mundos, mas que serve como uma ponte. A maçã então, nos mistérios deste wiccano, pode ser: o caldeirão celta da regeneração, o útero da Deusa, um símbolo de nascimento e renascimento, representante do mundo inferior e superior, ou a própria terra, sobre a qual tantos mistérios aguardam nossa descoberta.

O segredo dos mistérios wiccanos é que não existem segredos. Você só precisa alterar suas percepções e aguçar seu foco. Olhe além do mundo material para os processos atemporais que estão em ação dentro dele para descobrir os mistérios wiccanos. Ou passe algum tempo em meditação especificamente para aprofundar sua compreensão dos aspectos mais sutis da Wicca, a Deusa e o Deus.

Então, depois de descobri-los, você pode celebrar, cantar e dançar em círculos de luz e amor e reviver esses mistérios uma ou outra vez. Os rituais podem ser ampliados para incluir o reconhecimento de tais experiências, ou rituais especiais podem ser realizados em sua homenagem. O ponto aqui é que os verdadeiros mistérios wiccanos não podem ser encontrados nos Livros das Sombras, em segredos antigos ou nas palavras de outras pessoas. Eles só podem ser encontrados em nosso relacionamento com a Deusa e o Deus, e em nossa compreensão da natureza como uma ilustração de sua energia.

Quer mais dicas?

Assista a um nascimento.

Observe o sol derretendo o gelo.

Observe o desabrochar das folhas nas árvores na primavera.

Observe o oceano.

Observe as nuvens flutuando no alto.

Observe a chuva espirrando em poças de água.

Observe o relâmpago crepitando e faiscando contra o céu noturno.

Observe a fumaça saindo de uma fogueira sagrada.

Assista a um eclipse.

Observe um gato caçando no quintal.

Observe um bebê redescobrindo nosso mundo.

* * *

Não apenas observe essas coisas, experimente-as. Sinta-as. Assim, você começará a atrair os mistérios wiccanos para mais perto de você e terá a rara oportunidade de retirar fugazmente o véu que lançamos sobre o nosso mundo e ver a face da Deusa... Os mistérios wiccanos serão seus.

Então, depois de descobri-los, você pode celebrar, cantar e dançar em círculos de luz e amor e reviver esses mistérios uma ou outra vez. Os rituais podem ser ampliados para incluir o reconhecimento de tais experiências, ou rituais especiais podem ser realizados em sua homenagem. O ponto aqui é que os verdadeiros mistérios wiccanos não podem ser encontrados nos Livros das Sombras, em segredos antigos ou nas palavras de outras pessoas. Eles só podem ser encontrados em nosso relacionamento com a Deusa e o Deus, e em nossa compreensão da natureza como uma ilustração de suas energias.

Quer mais dicas?

Assista a um nascimento.

Observe o sol derretendo o gelo.

Observe o desabrochar das folhas nas árvores na primavera.

Observe o oceano.

Observe as nuvens flutuando no alto.

Observe a chuva espirrando em poças de água.

Observe o relâmpago crepitando e faiscando contra o céu noturno.

Observe a fumaça saindo de uma fogueira sagrada.

Assista a um eclipse.

Observe um gato caçando no quintal.

Observe um bebê redescobrindo nosso mundo.

* * *

Não apenas observe essas coisas, experimente-as. Sinta-as. Assim, você começará a atrair os mistérios wiccanos para mais perto de você e terá a rara oportunidade de retirar fugazmente o véu que lançamos sobre o nosso mundo e ver a face da Deusa... Os mistérios wiccanos serão seus.

7

Wicca de cada dia

JÁ AFIRMEI QUE, idealmente, a religião permeia todos os aspectos da vida. Mesmo quando não estamos acendendo velas e lançando círculos, é melhor viver de uma maneira wiccana. A própria vida pode ser vista como um ritual para a Deusa e o Deus. Muitos, no entanto, têm dificuldade em encontrar a natureza espiritual de sua vida cotidiana. Podemos ficar hipnotizados pelas armadilhas e diversões da sociedade. Da mesma forma, nossa vida doméstica, emprego, contas e outros fatores mundanos podem pesar até começarmos a questionar se alguma vez sentimos algo espiritualmente.

A solução não é mais ritual, ela consiste em mudar sutilmente nosso foco de forças e objetos exclusivamente físicos para a natureza inerentemente espiritual de tudo. Lavar pratos pode se tornar uma exploração dos poderes do elemento água. Trabalhar é uma oportunidade de sentir a energia de outras pessoas. A limpeza do quintal nos ensina lições importantes sobre as estações. Até mesmo frequentar a escola é um exercício de utilização (e, esperançosamente, de expansão) de nossa consciência, e ver as lições de um ponto de vista espiritual pode ser bastante esclarecedor. Na verdade, um ponto de vista wiccano pode nos ajudar em tempos difíceis, assim como a adesão a qualquer outra religião. Para poder acessar essa fonte de paz, no entanto, devemos primeiro perceber que a Wicca não se limita a rituais, orações e magia. Wicca é um estilo de vida tanto quanto é uma religião. Aplicar os princípios da Wicca ao nosso mundo é um dos métodos mais simples de trazer a Wicca para nossa vida diária. As discussões a seguir são sugestões. Você pode ter interpretações diferentes.

Não prejudique ninguém. Pense sobre isso quando alguém o interromper, roubar "sua" vaga no estacionamento, for rude com você ou quando você estiver enfrentando todos os tipos de problemas com amigos, família, vizinhos, amigos ou colegas de trabalho. Lembrar esse código nos permite superar a raiva, o ciúme e o ódio, e pode até transformar essas emoções potencialmente destrutivas em energias positivas. Também apresenta a oportunidade de cuidar de nós mesmos, reduzindo o estresse (eu serei o primeiro a admitir que isso está longe de ser fácil.)

Reencarnação nos lembra que temos mais de uma chance na vida. Este conceito nega o suicídio como uma solução para os problemas, ou como uma saída fácil, uma vez que voltaremos mais cedo ou mais tarde para enfrentar os mesmos problemas que acreditávamos serem muito difíceis de enfrentar nesta vida. Além disso, pensamentos de reencarnação podem nos ajudar nos períodos de luto. Também pode nos libertar do medo da morte.

Carma. Este conceito afirma que a ação correta é retornada com energia positiva e a ação negativa é retornada com negatividade. Está aliado a "não prejudique ninguém" e é um lembrete para agir de maneira positiva. Além disso, podemos ver como as ações boas (positivas; benéficas) são, em si mesmas, atos de espiritualidade.

Alguns wiccanos expressam um conceito ligeiramente diferente conhecido como Lei de Três ou Lei Tríplice, que afirma que tudo o que fazemos retorna para nós com força tripla. Assim, um pequeno ato de carinho pode ser retribuído para nós como um grande ato de carinho de outra pessoa. Um ato mesquinho de vingança pode resultar em grande dano contra nós. A Lei de Três é simplesmente uma compreensão diferente do carma.

Magia nos lembra que temos, de fato, controle sobre nossas vidas. Se não gostamos delas, podemos mudá-las por meio de um ritual positivo. No entanto, a magia também nos ensina a ter paciência: um caldeirão colocado em uma fogueira nunca começa a ferver imediatamente, e a magia não se manifesta imediatamente. Também podemos ver pequenos fragmentos de magia em ação em nossa vida cotidiana, e isso pode ser reconfortante.

Raciocínio nos ensina que os pensamentos são coisas, isto é, os pensamentos geram e liberam energia e, se repetidos com intenção, podem ser fontes poderosas de energia. Assim, à medida que controlamos os pensamentos negativos, melhoramos nossas vidas. Simplesmente, recusar-se a reconhecer um pensamento negativo e mudar nosso foco do negativo ("Não tenho dinheiro") para o positivo ("Tenho comida suficiente para comer") pode produzir grandes efeitos. E assim, já que podemos melhorar nossas vidas e não prejudicar ninguém com pensamentos positivos, até mesmo nossos pensamentos podem ser expressões de espiritualidade.

A gestão da Terra (cuidar de nosso planeta) é outro dos conceitos mais importantes da Wicca. Não há nada particularmente espiritual em entupir uma lata de lixo ou derrubar uma árvore, duas ações que violam os princípios wiccanos. No entanto, enxaguar e reutilizar garrafas, reciclar papel, latas de alumínio, plástico e vidro são atos de espiritualidade, pois estamos cuidando de nosso planeta. Da mesma forma, plantar uma árvore, cuidar de jardins, dar plantas a outras pessoas, recusar-se a usar pesticidas artificiais, fazer doações para causas ecológicas e escrever cartas em apoio à preservação de animais ameaçados de extinção e seus ambientes (florestas, pântanos e outras áreas ambientalmente sensíveis) são todas outras expressões da preocupação e do amor da Wicca por nosso planeta. Mesmo o envolvimento político, quando realmente leva a uma melhor administração da Terra, pode ter seus aspectos espirituais gratificantes.

A presença contínua da Deusa e do Deus é outro importante ensinamento wiccano. Se estamos em contato com a terra, estamos com a Deusa e o Deus. Nenhuma parte de nós ou de nossas vidas está divorciada deles, a menos que consideremos que isso seja verdade. No coração de cidades barulhentas, na tranquilidade interiorana ou em um trailer no deserto, a Deusa e o Deus estão lá. Em nosso escritório, escola, bairro e loja favorita, a Deusa e o Deus estão lá. No trânsito da hora do rush, nas longas filas no banco ou nas flores e plantas em nossas janelas, a Deusa e o Deus estão lá. A onipresença de nossas divindades não é um sentimento espiritual exaltado, é verdade. A terra não é uma representação da Deusa, é uma parte dela. Ela está em toda parte. Da mesma forma, ela também está dentro de nós, assim como Deus. Assim, tudo o que fazemos, onde quer que vamos, desde uma loja de conveniência até um show no parque, eles estão presentes. A lembrança desse fato pode, mais uma vez, revelar a espiritualidade inerente a muitas situações.

Outros métodos para melhorar a espiritualidade diária

Faça uma oferenda à Deusa e ao Deus todos os dias (ver capítulo 10 sobre oferendas, orações, etc.). Reserve pelo menos cinco minutos por dia como "tempo sagrado". Durante esses cinco minutos, você pode simplesmente pensar sobre o seu lugar na vida e o papel da Wicca, ou pode realizar outras atividades direta ou indiretamente relacionadas à Wicca (mais uma vez, a leitura não pode ser considerada um momento sagrado). Aqui estão alguns exemplos do que você pode fazer:

- Meditar matinais e noturnas
- Trabalhar com artes ou ofícios com um tema wiccano
- Ouvir música pagã clássica ou contemporânea
- Cuidar ou plantar plantas
- Voluntariar-se
- Reciclar
- Registrar diariamente seu envolvimento com a Wicca
- Manter contato com outros wiccanos
- Meditar (ou sintonizar-se psiquicamente) com pedras
- Escrever novos rituais
- Experimentar novos métodos de adivinhação
- Coletar ervas mágicas
- Visitar jardins ou parques
- Ouvir e se comunicar com animais
- Ler contos de fadas pagãos (não existe nenhum outro tipo) para seus filhos

Essa lista pode ser bastante ampliada. Na verdade, uma vez que começamos a pensar em como a Wicca influenciou nossas vidas, uma ampla gama de atividades pode ser realizada durante esse tempo sagrado.

Este capítulo foi uma breve introdução a alguns métodos para fortalecer a natureza wiccana de sua vida. Nessa busca, a ação é tão importante quanto o pensamento.

Bendito seja.

Parte II
Prática

8

Oração Eficaz

A ORAÇÃO é pouco discutida nos livros wiccanos, provavelmente porque é, por sua própria natureza, uma experiência altamente pessoal. Além disso, a maioria dos livros wiccanos parecem estar mais preocupados em descrever motivações rituais e sua mecânica do que em mergulhar nos aspectos verdadeiramente espirituais de nossa religião. Mas, por trás dos círculos, dos altares e dos trajes, a Wicca foi projetada para facilitar o contato com o divino. Certamente, podemos contatá-lo durante nossos ritos com invocações memorizadas, mas o que faríamos em ocasiões não rituais? Eles iriam nos ouvir? Eles iriam falar conosco?

Claro. Na Wicca, o ritual é uma estrutura em que a oração e a magia acontecem. Mas a oração não é apenas um ato ritualístico. Podemos orar a qualquer hora utilizando nossas conexões com a Deusa e o Deus, contando-os para obter ajuda e conforto.

A seguir iremos apresentar as discussões sobre alguns aspectos da oração wiccana.

A oração é dirigida tanto interna quanto externamente

Muitas religiões pregam que nossos corpos são imundos, coisas nojentas que até mesmo suas divindades repudiam e odeiam. Essas religiões negam a carne e voltam seus olhos para o céu quando buscam o divino. A maioria dos wiccanos, entretanto, aceita que a Deusa e o Deus estão tanto dentro como fora de nós. Se tudo na natureza está conectado por energias sutis, mas reais, também estamos ligados à

Deusa e ao Deus e devemos nos familiarizar mais intimamente com essa conexão. Não podemos fazer isso examinando nossos corpos e perguntando: "Onde está a Deusa? Onde está o Deus?" Eles não residem em nenhuma parte de nós. Eles simplesmente estão dentro. Eles existem dentro do nosso DNA. Estão presentes em nossas almas. A Deusa e o Deus são infundidos em todos os aspectos de nosso ser.

Adquirimos familiaridade com a centelha divina dentro de nós por meio de rituais, meditação e oração. É durante esses momentos, em que expandimos nossa consciência para além do mundo físico, que a energia divina dentro de nós sobe e preenche nossa consciência. Embora possamos invocar a Deusa e o Deus, estamos na verdade nos tornando um novo foco em sua presença dentro de nós. Uma vez que isso tenha ocorrido, podemos nos tornar cientes de suas presenças maiores além de nós mesmos.

A oração é o processo de sintonia e comunicação com a Deusa e o Deus. Durante a oração, podemos chamá-los da lua, do sol e das estrelas, dos mares, dos desertos e cavernas, dos esconderijos de animais selvagens e da própria terra: mas o chamado deve primeiro nos mover, renovar nossa consciência da Deusa e do Deus interior, antes que ela possa contatar as divindades universalmente manifestadas.

Podemos ver um monte de pêssegos maduros pendurados em uma árvore e sentir muita vontade de comer um deles. No entanto, até estreitarmos nosso foco em apenas um pêssego, abordá-lo e arrancá-lo da árvore, não satisfaremos nosso desejo. Na oração, devemos estreitar nosso foco, em primeiro lugar, na Deusa e no Deus interior, antes de podermos entrar em contato com uma compreensão maior deles. Esse foco inicial pode ser realizado por meio de palavras, visualizações, canções ou outros meios. Não existem regras, embora haja algumas sugestões a seguir. Experimente-as para descobrir a técnica mais eficaz.

Para começar, um wiccano deve adotar uma atitude de devoção (veja abaixo). Ela ou ele pode então começar cada oração com as seguintes palavras:

Deusa interior;
Deus interior;

Ao dizer essas palavras, altera-se a consciência para as memórias calorosas e pacíficas de seus contatos anteriores com eles. Isso pode fazer com que se entre modo adequado de consciência. Ela ou ele poderia então dizer:

Deusa da lua, das águas e da terra;
Deus das florestas e montanhas;

Isso expande sua concepção da Deusa e do Deus e entra em contato com uma parte maior deles. Uma vez que se tenha alcançado uma conexão mais forte, fala-se com eles em detalhes (ou seja, declara-se o motivo de sua oração).

A oração wiccana, então, não é dirigida a divindades distantes que residem em palácios de nuvens estranhas. Não precisamos usar um megafone para chamar a Deusa e o Deus. Em vez disso, precisamos apenas nos tornar cientes deles dentro de nós. Esse é o segredo.

Atitudes devotas

Muitas pessoas, de todas as religiões, oram apenas em momentos de grande necessidade, terrível estresse ou crise espiritual. Isso faz parte da natureza humana: quando tudo mais falhar, apele para as forças superiores. As orações nessas ocasiões são certamente apropriadas e muitas vezes podem fornecer exatamente o que precisamos para superar esses períodos. No entanto, não são as ocasiões ideais para oração, pois muitas vezes não reservamos um tempo para realmente contatar a Deusa e o Deus antes de começarmos nossa comunicação. Isso pode bloquear a eficácia da oração. Assim, é muito importante, mesmo em momentos de extremo desespero, adotar uma atitude de devoção antes de falar com a Deusa e o Deus. Uma atitude de devoção consiste em paz e esperança apoiadas em uma base espiritual inabalável.

Pode ser muito difícil adotar tal estado quando um amigo acaba de ficar doente, uma criança fugiu de casa ou seu gato está desaparecido. No entanto, atingir esse estado espiritual pacífico, esperançoso, dará maior poder à sua oração, pois permitirá que você se conecte mais diretamente com a Deusa e o Deus. Depois de se conectar com a Deusa e o Deus, você pode ser tão emocional quanto desejar.

Orações insanas e urgentes ("Deusa, me ajude!") Ou orações exigentes ("Você precisa me ajudar. Agora!") Vão lhe dar pouco ou nenhum apoio espiritual e provavelmente não irão além de seus lábios ou mente. Algumas dessas orações podem de fato alcançar a Deusa e o Deus, se o orador estiver suficientemente ciente de sua conexão com eles. No entanto, elas estão longe de ser a forma mais eficaz de oração. Essas orações geralmente são espontâneas e podem ser o produto de novas informações ou novos insights sobre uma situação. Portanto, certamente não podem ser planejadas com antecedência. Ou podem? Na verdade, podem sim. Com um pouco de prática e reflexão, você pode transformar orações ineficazes em orações bastante eficazes. Como? Simplesmente ore todos os dias, em atitude de devoção. Converse com a Deusa e o Deus sobre eventos positivos em sua vida. Agradeça a eles por orações manifestadas. Fale com eles sobre o nascer da lua, o som dos pássaros pela manhã, os novos gatinhos. Fale com eles também sobre suas necessidades, esperanças e desejos.

Faça da oração uma ocorrência diária. Não espere para orar apenas durante aquelas raras ocasiões em que a necessidade esmagadora o força a recorrer a eles em busca de ajuda. A oração, a verdadeira oração, feita diariamente, estabelece uma linha regular de comunicação. Contanto que você não recite orações sem emoção ou sentimento, esta experiência de oração será útil quando você se deparar com uma crise. Sua oração ainda pode ser rápida e direta, mas você terá estabelecido uma linha firme de comunicação e será capaz de usá-la a qualquer momento.

A oração deve sempre ser respeitosa. Wiccanos não negociam com a Deusa e não dizemos: "Ok, Deusa. Dê-me aquele carro novo e eu acenderei uma vela para você por três luas cheias." Isso não é uma atitude wiccana. Nunca negociamos com a Deusa e o Deus. A oração não consiste em fazer acordos. Também nunca ameaçamos ou ordenamos algo à Deusa e ao Deus em oração. Fazer isso revela que tentamos nos elevar à condição de deusa e deus. Sinto muito, mas não somos divindades.

Poucas pessoas gostam de ser comandadas, e nenhum deus ou deusa gosta disso. Essas "orações" não têm lugar na Wicca (esta declaração não significa que ela apenas não tenha lugar na minha forma de Wicca. Isso é universal. Não depende de sua concepção pessoal da Deusa e do Deus, depende da natureza das coisas: a Deusa e o Deus são maiores do que nós. Fim da discussão). E então, ter uma atitude de devoção significa estar em um estado espiritual pacífico, esperançoso. Se você conseguir isso antes de orar, suas orações serão muito mais eficazes.

A Natureza da Oração

Muitas pessoas religiosas argumentarão que a oração consiste apenas na comunicação entre os humanos e o divino. Como wiccanos, no entanto, estamos cientes das energias não físicas contidas em nossos corpos (as mesmas energias usadas na criação do círculo, nas ferramentas de consagração e em outros trabalhos de magia). A oração eficaz consiste em mais do que palavras, pois, quando as orações são feitas no estado correto, com emoção pura e inadulterada, liberamos energia com nossas palavras e a direcionamos para a Deusa e o Deus. Assim, certas formas de oração (aquelas em que fazemos pedidos, por exemplo) também são atos de magia.

Não precisamos tentar transformar a verdadeira oração em um ato mágico (isto é, não precisamos despertar, programar e direcionar energia durante a oração), isso ocorre automaticamente durante a oração emocional. Fixar nossas mentes em uma necessidade, contatar a Deusa e o Deus e falar com eles estimula, programa e direciona a energia. É um ato mágico.

Se não estivermos devidamente sintonizados com a Deusa e o Deus, se não estivermos claramente focados, a energia gerada pela oração voa para o espaço sideral, dissipando-se. Assim como devemos coletar gotículas de água em uma banheira para tomar banho, então, também, devemos reunir nossas energias e encaminhá-las para a Deusa e o Deus. Fazer algo diferente disso é fazer uma oração ineficaz. Portanto, devemos manter nosso foco neles e não permitir que nada nos distraia.

Não entenda mal. Embora alguns tipos de oração possam ser considerados para serem feitiços, isso certamente não é regra para todos os tipos. Além disso, orar à Deusa e ao Deus não é lançar um feitiço, é um ato religioso que por acaso tem um conteúdo mágico. A oração wiccana é muito mais do que uma simples recitação de fatos para a Deusa e Deus e mais do que uma forma de comunicação. É um fluxo de energia pessoal de um ser humano para as divindades.

Tipos de Orações

Existem muitos tipos de orações: orações de agradecimento, de celebração, de necessidade. As situações obviamente enquadram a natureza da maioria das orações. No entanto, orar apenas quando preciso é usar o mínimo do potencial da oração. As orações a seguir são apenas exemplos:

Ó, Deusa interior;
Ó, Deus interior;
Ó, Deusa da lua, das águas e da terra;
Ó, Deus das florestas e montanhas:
Eu agradeço por ______ (ou por minhas muitas bênçãos).

A oração pode então continuar para descrever como esta bênção tem mudado sua vida:

Obrigado por me emprestarem força espiritual neste momento de necessidade. Ela me revigorou e me encorajou.

Ou:

Obrigado por me ajudarem a encontrar o lar perfeito. Estamos a salvo agora.

Ou:

Obrigado por tocarem minha vida e me permitirem encontrar ______ (nome da pessoa). Meu mundo está repleto de amor e felicidade.

Essas orações podem ser muito longas. Em orações de agradecimento, melhor detalhar os motivos pelos quais se é grato. Isso fortalece o fato de que a Deusa e o Deus recentemente ajudaram você e também fortalece a eficácia da oração.

Se precisar de ajuda na criação de um ritual, você pode orar assim:

Ó, Deusa gloriosa;
Ó, Deus gracioso;
Criadores de tudo o que existe;
Ajudem-me a criar este ritual
Em sua honra
Em fase de lua cheia (ou Yule, e assim por diante).

Orações de celebração também podem ser enquadradas quando o wiccano realiza uma tremenda façanha, com ou sem a ajuda direta da Deusa e do Deus:

Ó, graciosa Deusa,
Eu passei no teste.

Ou:

Ó, Deusa Mãe;
Ó, Deus Pai;
Eu terminei (o livro, a música, o jardim).

Orações de necessidade são apenas isso:

Ó, Deusa interior;
Ó, Deus interior;
Deusa da lua, das águas e da terra;
Deus das florestas e montanhas;
Aqueles de infinita sabedoria:
Ensinem-me a compreender meu filho (amigo, amante, pais, chefe).
Emprestem-me a força espiritual para superar minha raiva e dor;
Apaguem meu fogo com amor.

Certamente, existem muitos tipos de necessidades. Em nossa economia de mercado, onde devemos trabalhar para ganhar dinheiro para comprar coisas que os outros criam, nossas necessidades são frequentemente físicas: precisamos de um carro novo, uma casa, um bom emprego, mais dinheiro. Orações de necessidade também podem estar envolvidas com cura, compaixão, amor, proteção e muitos outros aspectos da vida humana diária.

Às vezes, nossas necessidades podem parecer intransponíveis. Podemos perder temporariamente nosso foco na Deusa e no Deus e cair no pensamento negativo, na desilusão e no medo. É nessas horas que podemos orar a eles:

Ó, Deusa interior;
Ó, Deus interior;
Ó, Deusa da lua, das águas e da terra;
Ó, Deus das florestas e montanhas;
Eu preciso sentir sua presença.
Lembrar-me de sua existência.
Ajudem-me a recordar seus ensinamentos;
Mostrem-me a chave que irá abrir minha espiritualidade.
Benditos sejam.

Ou podemos orar a respeito dos problemas que estamos tendo com nossa religião. Após a parte introdutória da oração, você pode dizer:

Deusa, eu simplesmente não consigo entender. Este livro diz que nunca encarnamos como o sexo oposto àquele que somos nesta vida. Ajuda-me.

Ou,

Deusa e Deus, estou tentando encontrar a forma perfeita de lançar o círculo. Guiem minha mente, coração e mãos enquanto tento descobrir isso.

Lembre-se de que, para serem eficazes, todas as orações necessárias devem ser feitas com uma atitude devoção.

A oração wiccana é um aspecto privado e pessoal de nossa religião. Todos nós temos nossos próprios métodos de contato com a Deusa e o Deus. No entanto, as técnicas descritas neste capítulo podem ser úteis para realmente contatá-los usando a oração como uma ferramenta positiva e de apoio na vida cotidiana.

Ore com frequência, é uma parte essencial da Wicca.

9

Orações e Cânticos Diários

Nossa religião reverencia a Deusa e o Deus. Desta forma, é vital que se estabeleça e mantenha um relacionamento com eles. A vida cotidiana apresenta muitas oportunidades para fortalecer esse vínculo: podemos fazer orações curtas quando nos levantamos de manhã, antes das refeições, antes de dormir e em outras horas do dia. A oração diária, formal e espontânea é outro método de tornar a Wicca efetivamente parte de seu dia a dia. Quais palavras dizer não importa, o seu envolvimento na oração é que é o essencial.

Este capítulo inclui uma variedade de orações simples e formais para diversas ocasiões. Sinta-se à vontade para proferi-las, ou use-as como base para enunciar as suas. Embora eu as tenha endereçado genericamente à "Deusa" e ao "Deus", você pode substituir os nomes pelos quais você passou a conhecê-los.

Orações e cantos diários

Oração Antes das Refeições

Antes de comer, diga estas palavras ou algo similar (se necessário, sussurre ou apenas mentalize-as):

Das florestas e vales;
Das montanhas e mares;
Terra fértil, colheita nutritiva;
Eu partilho agora da energia divina;
Para que eu tenha saúde, amor e braveza.
Bendito seja.

Outra Oração Antes das Refeições

Deusa da planície verdejante;
Deus dos grãos radiantes;
Deusa da chuva revigorante;
Deus dos frutos pujantes;
Abençoem esta refeição que faço;
Alimentem-me com amor;
Abençoe esta refeição que eu agora compartilho
Com muito louvor.

Uma Terceira Oração Antes Das Refeições

Ó, Deusa interior,
Ó, Deus interior,
Eu agora partilho da fertilidade da terra.
Abençoem esta comida com seu amor.

Oração Matinal

Abençoe este dia, ó, luz do alvorecer.
Abençoe este dia, prepare-me para o anoitecer.

Cântico da Alvorada

Fogo crescente, Sol nascente,
Ambos resplandecentes
Abaixo de mim.

Outra Oração Matinal

Ó, graciosa Deusa,
Ó, gracioso Deus,
Emprestem-me saúde, força e amor
Durante o próximo dia.
Ajudem-me com os desafios à frente.
Compartilhem sua sabedoria divina.
Ensinem-me a respeitar todas as coisas.
Lembrem-me de que o maior poder de todos é o amor.

Benditos sejam.

Oração Vespertina

A lua ilumina a terra
Com maravilhosos raios prateados;
Inspirem-me durante a noite
E durante os dias iluminados.

Oração Antes de Dormir

Ó, graciosa Deusa;
Ó, gracioso Deus, entro agora no reino dos sonhos.
Teçam agora, se assim desejar, uma teia de luz protetora ao meu redor.
Protejam minha forma adormecida e meu espírito.
Cuidem de mim até o sol
Mais uma vez governar a terra.
Ó, graciosa Deusa,
Ó, gracioso Deus, estejam comigo durante a noite.

Invocação Antes de Dormir

Dama da lua;
Lorde do sol;
Protejam a mim e o que é meu
Agora que o dia acabou.

Cântico de Lua Nova

Diana aparece,
Lua que cresce.
Mostra-me
Teu amor por mim.

Um Breve Cântico de Auxílio

Divina Mãe,
Mãe divina,
Mostra-me o caminho;
Dá-me um sinal.

10

Orações e ritos de agradecimento e oferenda

Ritos de Oferenda

MUITOS WICCANOS seguem o antigo costume de fazer uma pequena oferenda à Deusa e ao Deus diariamente. Isso geralmente é feito diante de imagens de divindades, mas também pode ser feito em qualquer lugar, incluindo em uma área externa. Fazer ofererendas consistentes à Deusa e ao Deus reforça seu envolvimento com eles e com nossa religião, então há todos os motivos para fazê-las periodicamente.

A principal ferramenta de tais ritos é a tigela de oferenda, na qual a oferenda é colocada (somente quando se estiver dentro de casa). Embora possa ser de qualquer material natural, tigelas de argila, madeira, cerâmica ou prata costumam ser as preferidas. Quais são os melhores tipos de oferendas? Geralmente, comida de qualquer tipo (exceto carne), assim como objetos pequenos e preciosos. Mesmo joias e itens caros às vezes são oferecidos e enterrados na terra. Se você não tiver mais nada e não puder desperdiçar alimentos, pode-se usar água pura (que não só é necessária à vida humana, mas também está cheia da energia da Deusa).

O incenso também pode ser queimado em oferenda, mas deve ser um tipo especial que você normalmente não queima. (Eu gostaria que não fosse necessário dizer isso, mas apenas no caso de alguns de vocês terem perdido essa lição importante: nunca sacrificamos coisas vivas às divindades.)

As oferendas devem ser feitas conscientemente e com gratidão, intenção e foco. Oferendas vazias terão pouco efeito. No passado, essas oferendas eram consideradas vitais para a existência contínua do adorador. Hoje, podemos vê-las como vitais para nossa existência espiritual.

Você pode decidir fazer uma oferenda uma vez por dia, uma vez por semana, uma vez por mês, a cada três semanas ou a cada lua cheia (Rotinas deste tipo são preferidas em vez de oferendas aleatórias).

A hora do dia não é muito importante, embora a maioria prefira a noite. Novamente: planeje-se da melhor forma. As oferendas certamente também podem ser feitas a qualquer momento em agradecimento por uma oração atendida.

Os rituais que se seguem são sugestões, use sua intuição para encontrar as formas mais adequadas para você. Depois de fazer a oferenda, reflita por alguns momentos sobre o significado de suas ações.

Oferenda Diária

Coloque a oferenda na tigela (ou no chão) enquanto diz:

O que recebo dou livremente.
Aceitem esta oferenda, Deusa e Deus.

Outra Oferenda Diária

Faça a oferenda enquanto diz:

Dou-lhes este símbolo da minha devoção.
Que ele fortaleça nossos laços.

Oferenda para uma Súplica Especial

Isso não deve ser visto como suborno. Não subornamos a Deusa e o Deus, pois eles criaram e possuem tudo o que existe. No entanto, dar uma oferenda antes de fazer um pedido especial (durante a oração) é novamente um símbolo de nossa necessidade. A energia que de fato existe dentro da oferenda é enviada pelo poder de nossa oração à Deusa e ao Deus e, assim, enfatiza ainda mais nossa necessidade.

Quando você tiver um pedido especial, escolha uma oferenda adequada: algo muito importante para você, seja emocional, mental ou financeiramente. Enterre-a na terra enquanto ora pelo pedido.

Está feito.

(Nunca desenterre e recupere oferendas. Depois de entregá-las à Deusa e ao Deus, você abandonou suas formas físicas. O que está feito, está feito.)

Ritos de Agradecimento

Agradecimento por uma Prece Atendida

Deusa,
O que nenhum ouvido humano pode ouvir, tu ouviste.
O que nenhum olho humano poderia ver, tu viste.
O que nenhum coração humano poderia suportar, tu transformaste
O que nenhuma mão humana poderia fazer, tu fizeste.
O que nenhum poder humano poderia mudar, tu mudaste.
Deusa do amor, Deusa onipotente;
Aquela de quem todo o poder flui;
Fonte de tudo;
Rainha do cosmos;
Criadora do universo;
Aceita este humilde sinal de agradecimento
De um wiccano solitário
Daquele que clamou,
E foi atendido.

(Coloque uma oferenda, como uma flor, uma moeda, uma joia, um desenho que você fez, ou algum outro objeto precioso para você, na terra. Ou enterre na terra. Se isso não puder ser feito imediatamente, coloque o objeto na tigela de oferenda e depois dê-o diretamente à terra.)

Ritual Solitário de Agradecimento

(Só você saberá quando realizar este ritual. Ele pode ser feito em qualquer fase da lua, durante o dia ou à noite, sempre que necessário.)

Você precisará de uma tigela grande branca ou rosa, uma vela branca, *á*gua, flores pequenas e frescas (flores brancas são melhores) e um pedaço de pano de algodão branco.

Coloque a tigela no altar (ou em qualquer mesa). Se desejar, lance um círculo. Fixe a vela branca no centro da tigela com cera de abelha aquecida ou com gotas de outra vela branca (para que a tigela funcione como um castiçal).

Despeje a água na tigela. Flutue as flores frescas na superfície da água. Acenda a vela.

Visualize sua razão para o ritual, lembre-se por que você está agradecendo à Deusa e ao Deus. Toque a água em ambos os lados da vela com a ponta dos dedos, dizendo estas palavras ou outras semelhantes:

Dama da lua, das estrelas e da terra;
Lorde do sol, das florestas e das colinas;
Aqui faço um ritual.

Meu amor brilha como a chama;
Meu amor flutua como as pétalas
Em gratidão.

Dama das águas, das flores e do mar;
Lorde do ar, dos chifres e do fogo;
Aqui faço um ritual.

Meu amor brilha como a chama;
Meu amor flutua como as pétalas
Em gratidão.

Dama das cavernas, dos gatos e das cobras;
Lorde das planícies, dos falcões e veados;
Aqui faço um ritual.

Meu amor brilha como a chama;
Meu amor flutua como as pétalas
Em gratidão.

Olhe para a chama da vela e depois para a água. Sopre suavemente sobre a superfície da água e observe os movimentos da flor. Medite. Agradeça. Quando chegar a hora, remova as pétalas da água. Coloque-as no centro do pano de algodão branco. Enrole as pétalas com o pano. Se você lançou um círculo, feche-o agora. Termine seu rito de agradecimento apagando a chama da vela, despejando a água no chão e enterrando as flores na terra. Está feito.

11

Rituais wiccanos simples

VOCÊ ESTÁ ANIMADO com a próxima viagem e então você percebe que seus planos irão interferir na celebração de um sabbat ou esbat. Já que não seria prático (ou aconselhável) levar consigo todas as suas ferramentas rituais, o que você pode fazer?

Em outras ocasiões, o desejo ou a necessidade de um ritual pode ocorrer repentinamente. Quando isso ocorre, há pouco ou nenhum tempo para preparação. Você pode ficar sabendo que um amigo está no hospital ou que alguém que você ama está em perigo. Novamente, quais são as opções?

A resposta está em rituais wiccanos simplificados. Em certas circunstâncias, um trabalho mágico (como magia popular) pode ser mais apropriado. Para ocasiões estritamente espirituais, rituais ainda menos complexos podem produzir alterações poderosas de consciência e uma conexão satisfatória com a Deusa e o Deus.

Ferramentas rituais (athame, varinha, copo, incensário, incenso, água e sal) são assistentes do ritual. Elas não são necessárias, mas, quando estamos começando a aprender Wicca, elas são de uma ajuda inestimável na criação da consciência ritual, definindo e purificando o espaço sagrado e invocando a Deusa e o Deus. Depois de dominar o básico, essas ferramentas são sempre bem-vindas, embora não sejam obrigatórias. O ritual simplificado consiste, como você deve ter adivinhado, em ritos realizados com um mínimo de ferramentas e movimentos rituais.

Já realizei rituais com um pacotinho de sal (daqueles fornecidos em alguns restaurantes), um pequeno copo descartável com água, uma vela para bolo de aniversário e uma faca de mesa comum. Com o sal e a água, consagrei a área geral. Usei a faca para lançar um pequeno círculo e acendi a vela para a Deusa e o Deus. Este foi um rito satisfatório, embora eu não tivesse feito um banho ritual, tivesse poucas ferramentas e pouco tempo para me preparar.

Certa vez, alguns amigos e eu fizemos um rito de cura extremamente simplificado em um quarto de hospital para um amigo doente. Eu cantei na quietude dos quartos de hotéis distantes de casa e realizei rituais lunares simples quando por acaso vi a lua espreitando por entre as árvores.

Além disso, realizei o ritual apenas com as ferramentas da natureza, quer estivesse dentro de casa ou ao ar livre, com a terra abaixo de mim, a água jorrando à frente e o ar e a força ígnea do sol acima. Na maioria das vezes, confiei apenas em minha mente, bem como em emoções e habilidades de visualização para realizar rituais wiccanos simplificados.

Comecei a praticar Wicca quando ainda era menor de idade e morava em casa. Isso me forçou a usar rituais simplificados: acender velas e cantar suavemente, olhar para o fogo durante os sabbats, sussurrar encantamentos de lua cheia sentado no parapeito da janela enquanto olhava para o globo lunar.

Resumindo, embora as ferramentas e formas rituais da Wicca sejam importantes porque, em parte, definem nossa religião, elas não são necessárias. O ritual eficaz não depende do número de ferramentas que você pode empilhar no altar, começa dentro de você e continua a partir daí. As ferramentas e cantos memorizados são expressões externas de mudanças internas (como a mudança para a consciência ritual). Eles podem nos ajudar a criar essas transformações internas, mas não são pré-requisitos.

A seguir, apresento as etapas sugeridas para todos os ritos wiccanos extemporâneos ou muito simplificados. Considere isso como um padrão após o qual você poderá desenvolver o seu próprio. A necessidade de tais rituais pode surgir a qualquer momento, geralmente em momentos que você está longe de casa e os livros não estão disponíveis. Para estar preparado para tais emergências, pense com antecedência em algumas maneiras pelas quais você pode realizar rituais wiccanos simples, mas eficazes, a qualquer hora e em qualquer lugar, com poucas ferramentas. As informações a seguir são adequadas para uso em situações de emergência, bem como quando longe de casa (e de ferramentas) durante sabbats e esbats.

Lançando um Círculo

Fique de pé, sente-se ou deite-se, de acordo com a situação. Aumente a energia tensionando os músculos. Visualize a energia brilhando como uma esfera azul arroxeada dentro de você. Usando sua mão protetora, dirija esta energia saindo de você para um pequeno círculo mágico (a mão atua como condutora de energia). Alternativamente, envie a energia em um círculo no sentido horário ao seu redor, sem mover a mão. Sinta o círculo cintilando e pulsando (se desejar, salpique sal e/ou água ao seu redor para abençoar a área antes de criar o círculo).

Invocando a Deusa e o Deus

Orações que você memorizou podem parecer certas, mas sinta-se à vontade para dizer o que sente. Lembre-se de se concentrar em suas conexões com eles enquanto ora. Se as circunstâncias não permitirem que você fale em voz alta, mentalize suas palavras. Você pode usar algo como esta fórmula:

Deusa Mãe, estejas aqui comigo.
Deus Pai, estejas aqui comigo.

A seguir, explique a situação ou diga palavras para celebrar a ocasião ritual. Elas não precisam ser longas. Aqui está um formato sugerido:

- Declare o motivo do rito: reconhecimento de um sabbat (se sim, qual), lua cheia ou uma necessidade especial.
- Diga algo sobre a ocasião ou peça ajuda, se for o caso.
- Agradeça à Deusa e ao Deus por suas atenções. Um exemplo disso para, digamos, Yule pode ser algo assim:

Venho diante de vocês esta noite (ou hoje) para celebrar o Yule.
O sol renasce da Deusa.
A luz está crescendo. A promessa da primavera começou.

Medite sobre o significado da ocasião por alguns momentos, depois diga:

Deusa e Deus, obrigado por participar do meu círculo simples.

Você também pode recitar invocações memorizadas, ou dizer muitas mais palavras. Siga sua intuição.

Encerrando o Rito

Depois de agradecer à Deusa e ao Deus, absorva a energia com a qual você criou o círculo. Se possível, coma algo imediatamente após fechá-lo (se não tiver outra opção, experimente um pouco de sal). Seu rito simplificado terminou.

Se você sussurrar e internalizar suas ações, tais rituais poderão ser realizados em salas lotadas, na presença de outras pessoas, sem o conhecimento delas. Você pode afirmar com sinceridade que deseja orar por alguns momentos e de forma alguma revelar a quem está orando. Não há razão para perder o ritual só porque você está fisicamente distante de suas ferramentas ou não recebeu nenhum aviso. Esta é uma das grandes vantagens da Wicca solitária: você não precisa chamar os outros membros para o ritual, nem precisa sentir que não pode fazer um ritual sozinho, pois você pode, simplesmente usando o ritual wiccano simplificado.

12

Magia e o Wiccano Solitário

MAGIA É UMA FERRAMENTA tremendamente poderosa. Com ela, podemos facilitar mudanças em nossa espiritualidade e em nossa vida física. Este processo natural (embora pouco compreendido) de mover energia com um propósito é certamente uma parte importante da Wicca, pois nós (é claro) criamos o círculo em que trabalhamos nossos ritos com magia. Também podemos usar magia para purificar e consagrar ferramentas e joias rituais. Este capítulo é limitado a discussões sobre magia wiccana em oposição à magia popular (o uso não religioso de ferramentas como velas, ervas, óleos e cores, combinada com poder pessoal, para efetuar mudanças).

O círculo

Você já deve saber como criar um círculo mágico (ou "espaço sagrado"). Você eleva a energia, dá a ela um propósito e, usando sua mente e talvez uma ferramenta, dirige essa energia para fora de seu corpo na forma de uma grande esfera, na qual você realiza seus rituais.

Isso deve ficar claro em suas leituras. Agora, o quão bem você conhece este processo? Você compreende sua real função? Sabe realmente o que está acontecendo? Já testou a força do círculo? Já sentiu os limites do círculo com uma mão estendida e sensibilizada? O seu círculo (na verdade, uma meia esfera) é perfeito? Assimétrico? Afundado? Ovalado? Muito grande? Essas perguntas podem ser respondidas por um estudo cuidadoso do próximo círculo que você criar. Usando todos os seus sentidos (especialmente suas habilidades psíquicas), examine seu círculo depois de terminá-lo. Faça um teste de luva branca.

Responda às perguntas mencionadas acima e, em seguida, determine se você se sente diferente dentro dos limites do círculo. Essa é uma das pistas. Se você encontrar problemas, feche o círculo e comece novamente com mais atenção ao que está fazendo. Nunca devemos nos descuidar em nossas construções de círculos. Lançar o círculo é semelhante a construir uma catedral ou elevar os megálitos de Stonehenge: estamos construindo um templo, nosso templo, no qual adoraremos nossas divindades. Ele merece todo o nosso tempo, energia e atenção.

Aumentando a Energia no Círculo

Essa forma de magia também deve ser familiar. Uma questão é visualizada enquanto o wiccano eleva a energia de dentro de seu corpo e, por meio da visualização, imprime tal necessidade na energia. O poder é então liberado.

Infelizmente, wiccanos solitários têm poucos métodos de aumento de energia disponíveis. O primeiro: você está sentado diante do altar e começa a entoar lentamente uma declaração de propósito, como "cure-a" ou "proteja-me". Você aumenta lentamente a velocidade do canto, nunca oscilando em sua visualização. Começa a contrair os músculos por todo o corpo (isso aumenta a energia física, mesmo quando estiver parado). O poder cresce dentro de você e ameaça transbordar. Você o libera.

Outro método é muito mais físico. Você começa uma dança (ou uma caminhada) lenta no sentido horário ao redor do altar enquanto visualiza e/ou entoa a necessidade. A dança aumenta de velocidade. Ao liberar a energia, você pode cair drasticamente no chão.

Ainda um terceiro método utiliza técnicas de respiração que tensionam os músculos e aumentam a energia. E isso, companheiros solitários, é tudo. Existem alguns outros métodos, mas eles requerem a presença de várias outras pessoas e são, portanto, limitados a covens.

Enviando a Energia

Nos trabalhos mágicos do coven, o poder é aumentado por qualquer que seja o método. Ele se mantém por algum tempo até que a energia elevada alcance seu pico. Nesse ponto, os participantes abrirão mão do poder, podendo cair no chão, relaxando completamente seus músculos, enquanto emanam energia. Aqueles que estão presentes e participam desse processo podem, para esses propósitos, serem chamados de "geradores de energia".

Normalmente, porém nem sempre, esse poder é então direcionado e liberado através do círculo por uma única pessoa – geralmente a Suma Sacerdotisa (às vezes, a energia é enviada para um objeto físico dentro do próprio círculo).

Esta pessoa, a quem chamarei de "emissor de energia", tem a capacidade de levar toda essa energia para dentro de si e direcioná-la para fora em direção ao seu objetivo. Alguns covens funcionam de forma diferente, em que cada membro pode enviar sua energia, mas, ainda assim, o remetente está lá para direcionar quaisquer energias perdidas e para controlar o processo de aumento de energia que precede esta liberação. Como wiccanos solitários, devemos sempre ser os dois: o gerador e o emissor de energia. Isso exige prática e controle. O método usado pelos membros do coven para liberar energia mencionado acima é o que usamos. Quando chegar a hora, simplesmente emane-a. Relaxe seus músculos, todos de uma vez. Com a visualização, direcione a energia para fora de sua mão ou athame. Alguns acham isso difícil no início. O wiccano pode sentir a energia e tentar enviá-la, mas pode questionar se atingiu seu objetivo. Muitos novos wiccanos solitários também se perguntam como a energia penetra no círculo e realmente sai, quando uma das funções do círculo é conter precisamente essa energia.

A capacidade perfeita de elevar e enviar energia é um dos desafios da Wicca solitária e virá com o tempo. Quando você lança um círculo corretamente, você envia energia de seu corpo para um propósito específico, e esse propósito foi alcançado. Assim, você realizou um trabalho mágico.

Depois de conseguir isso, o próximo passo é aumentar a energia (por meio de uma das técnicas mencionadas acima) e, em seguida, enviá-la um pouco mais longe, através do círculo e em direção ao seu objetivo. Não se preocupe com o círculo de alguma forma bloqueando a saída da energia. É algo semelhante a uma porta. Você está dentro da estrutura e enviar energia através dela abre a porta. Como portas, os círculos não precisam que suas funções sejam explicadas a eles durante a magia. O círculo "sabe" que uma de suas funções é liberar energia. (A porta fecha automaticamente quando a energia acaba.)

Ok, você deve estar pensando, então o círculo é como uma sala em que ficamos parados enviando energia a partir dela. Certo. Mas por que a energia não se esvai antes de estarmos prontos para enviá-la? Porque não enviamos energia suficiente para abrir a porta. Simplesmente agarrar uma maçaneta não vai fazer com que ela se abra. Devemos a fazer combinação correta entre força e pressão para remover o obstáculo. Isso também vale para a magia: apenas um fluxo de energia concentrado e bem direcionado é forte o suficiente para perfurar temporariamente o círculo e viajar para fora de seus limites.

Um coven pode aumentar a energia por um longo período de tempo, por até certamente meia hora ou mais, por meio de danças circulares, cânticos e outros técnicas. Durante esse tempo, os membros do coven necessariamente liberarão um pouco de sua energia antes do momento de liberação total que é determinado pela Suma Sacerdotisa. O círculo retém esta energia até o momento em que a força combinada de todos os membros, orientados pela Suma Sacerdotisa, abra a porta.

Os wiccanos solitários também aumentam seu poder dentro do círculo. E sim, podemos liberar um pouco de energia muito precocemente. Ainda assim, é importante que mantenhamos a energia até o último momento possível. Uma única liberação de energia é mais eficaz.

Empurre a energia para fora de você. Sinta-a explodindo em um feixe focalizado de energia, disparando de você, através do círculo e em direção ao seu objetivo. Visualize e sinta qualquer excesso de energia em volta do círculo, juntando-se à corrente principal de energia. Já que você não tem uma segunda pessoa direcionando-a, você deve fazer isso sozinho. Felizmente, com a prática, é realmente bem simples. Visualize!

Depois de cada rito wiccano, especialmente aqueles que envolvem magia, alguma energia ficará naturalmente retida dentro do círculo. Esta energia pode se esvair sutilmente, então é comum incorporá-la consumindo comida após cada ritual. Alimentos proteicos (como feijão e milho, laticínios, e assim por diante) são ideais. Comer traz a consciência de volta para a realidade, e também repõe parte da energia perdida durante a magia.

Estes, então, foram alguns detalhes da magia do wiccano solitário. Certa vez, eles foram segredos bem guardados. Hoje, todos podem compartilhar deste conhecimento e utilizá-lo para melhorar a qualidade de suas vidas.

Talvez seja apropriado dizer mais algumas palavras. A magia wiccana deve, através de sua performance dentro de um círculo, ocorrer para uma mudança positiva. Magia negativa não tem lugar na Wicca, e fazer tal trabalho dentro de um círculo mágico pode "ricochetear" imediatamente sobre o perpetrador. Energia elevada dentro do espaço sagrado (do círculo) está diretamente sintonizada com a Deusa e Deus. Ao enviar-lhes energia negativa, é provável que você instantaneamente receba-a de volta três vezes mais forte.

Ao longo dos anos, muitos wiccanos bem-intencionados alertaram sobre o "perigo" da Wicca solitária. Eles argumentaram que um coven poderia atuar como uma válvula de segurança, desarmando um membro em um estado de espírito volátil que deseja se tornar membro para realizar trabalhos mágicos negativos. Nenhum coven teria um desempenho satisfatório com magia negativa, mas este argumento, que superficialmente parece bastante satisfatório, não retém água. Uma pessoa moral é uma pessoa moral. Qualquer um que aceita o princípio básico da Wicca (*não prejudique ninguém*) não será tentado a realizar um trabalho mágico negativo, sejam eles membros do coven ou um solitário.

Não há muito o que explicar, não prejudicar ninguém significa não prejudicar ninguém, incluindo você. ("Prejudicar" deve ser pensado também como interferir ou manipular da vida de outras pessoas, isso inclui azarar, amaldiçoar e amarrar.) Uma vez que este princípio foi aceito, e deve ser seguido por todos os que professam ser wiccanos, os perigos imaginários da magia wiccana solitária desaparecem.

Parte III
Sua Própria Tradição

13

Criando um Novo Caminho

Muito da Wicca convencional é organizado em tradições. Tendo por base que, por definição, tradições são crenças e práticas passadas de geração em geração ou de um grupo para o outro, pode-se dizer que uma tradição Wicca é uma forma específica de a prática wiccana ser passada para outras pessoas, geralmente seguindo iniciação.

As tradições wiccanas são um dos mecanismos de sobrevivência mais fortes de nossa religião. A estrutura é necessária para a sobrevivência de todas as religiões. Sem isso, ela iria desmoronar em confusão e caos. Se cada wiccano reinventasse constantemente cada aspecto da Wicca (suas ferramentas, formas de rituais, conceitos de divindades), nossa religião como a conhecemos logo desapareceria. Com a falta de tradicionalidade e crenças, dificilmente ela poderia ser transmitida a outros.

Como wiccanos solitários, geralmente não praticamos uma tradição wiccana específica (a menos que tenhamos sido inicialmente treinados em um coven), e isso nos dá grande liberdade. Alguns wiccanos solitários criam novos rituais para cada sabbat e esbat e praticam uma forma bastante livre de Wicca. No entanto, muitos solitários sentem a necessidade de criar suas próprias tradições de modo que suas práticas e crenças religiosas sejam apoiadas por uma base sólida.

Embora essas novas tradições acabem evoluindo com o passar do tempo e a experiência, elas fornecem uma estrutura valiosa para as práticas do wiccano solitário, ao atuar como uma rocha firme que se agarra em um mar, muitas vezes tempestuoso, de adoração autodirigida, e são uma garantia que o wiccano está trilhando o caminho certo. De certa forma, uma tradição wiccana é um mapa que aponta uma rota específica para a Deusa.

A Parte III deste livro consiste em um guia para a criação de uma nova tradição wiccana que seja perfeita para você. Ao escrevê-la, você poderá concentrar-se em suas necessidades pessoais, e o resultado final poderá de longe ser muito mais espiritualmente satisfatória do que qualquer outra tradição wiccana. De forma alguma esta tarefa é uma obrigação, no entanto, se você decidir criar sua própria tradição, este e os capítulos seguintes apresentarão a você algumas ideias para ajudá-lo a começar.

Por que Criar uma Tradição?

Por que não? Poucos Livros das Sombras publicados estão completos e, virtualmente, todos são projetados para adoração em grupo. Assim, nenhum deles é idealmente adequado para o praticante solitário. Isso por si só é motivo suficiente para criar sua própria tradição wiccana.

Além disso, os conjuntos de rituais publicados podem parecer distantes, ou estranhos, ou podem não o motivar a se envolver totalmente na Wicca. Você também pode acabar ficando com muitas dúvidas em relação a uma tradição wiccana específica para executar adequadamente seus ritos, mesmo que esta já tenha sido publicada. Então, novamente, uma veia criativa pode estar se movendo dentro de você. Criar uma tradição wiccana é um processo criativo, mas deve ser feito com cautela.

Como começar

Agora, enquanto você está lendo isto, pegue uma caneta e várias folhas de papel. No topo da primeira página, escreva o seguinte em letras maiúsculas:

CONCEITOS DIVINOS
Na segunda, escreva FERRAMENTAS, ALTARES, TRAJES, JÓIAS
Na terceira, RITUAIS
Na quarta, CRENÇAS
Na quinta, LEIS

Na sexta, SÍMBOLOS E RUNAS
Na sétima, O LIVRO DAS SOMBRAS

Use estas páginas para fazer anotações preliminares à leitura dos capítulos seguintes. Mais tarde, provavelmente você precisará de muito mais espaço para seus pensamentos e anotações sobre cada assunto, mas este é um bom começo. O importante é começar a colocar os pensamentos no papel. Estes irão eventualmente evoluir para rituais, crenças, leis e outras coisas. Uma criação tradicional wiccana não é nebulosa ou etérea, possui especificidades, e para criá-la, você deve primeiro determinar esses detalhes.

Wicca não é um vale-tudo espiritual. Uma verdadeira tradição deve ser baseada nas convenções wiccanas. Embora haja muito espaço para toques pessoais, algumas coisas são essencialmente wiccanas e não podem ser descartadas. Isso será claramente explicado.

Nos capítulos seguintes, exploraremos um método de criação de uma tradição wiccana. Você é livre para usá-la se achar prudente, mas, se não, sinta-se à vontade para não o fazer e inicie um novo caminho. Criar sua própria tradição é algo emocionante e desafiador. É um processo de definir não apenas seus meios de expressão espiritual, mas também a natureza da sua própria espiritualidade. Portanto, é uma jornada de autodescoberta.

14

Conceitos Divinos

Sem divindades, não haveria religiões de qualquer tipo. Como você, pessoalmente, define os conceitos de divindade de sua tradição? Todos os wiccanos possuem suas próprias concepções da Deusa e do Deus. Nós as construímos a partir de experiências pessoais e interações com eles, bem como por meio de pesquisas, importantes para dar assistência (veja a leitura sugerida no final deste capítulo). Essas imagens irão, naturalmente, formar a base dos conceitos de divindade de sua nova tradição e a natureza delas é de grande importância, conforme veremos.

A Deusa e o Deus

Adoração está no cerne de qualquer religião e é importante formar suas concepções da Deusa e do Deus. Se, até este ponto, eles foram como "avós astrais", ou seres poderosos, mas nebulosos, pode ser a hora para trazê-los mentalmente para a terra.

As notas a seguir podem ser usadas para aprimorar seus conceitos da Deusa e do Deus[1]. Estes, combinados com as leituras listadas no final deste capítulo e suas próprias experiências espirituais, deve permitir que você tenha uma maior compreensão de ambos.

1. Até recentemente, a Wicca possuía poucos ensinamentos sobre a Deusa e o Deus. Nós coletamos o que podíamos dos poucos mitos (histórias sagradas) que foram ensinados para nós, dos ensinamentos verbais, da experiência pessoal e das dicas fornecidas por outros wiccanos, mas tínhamos pouco em que basear nossas concepções salvar para experiência pessoal. Hoje, no entanto, as recentes pesquisas e o interesse na adoração à Deusa e nas religiões pré-cristãs de modo geral nos ofereceram muitas informações, algumas das quais podemos utilizar e enquadrar dentro de um contexto wiccano. Veja a bibliografia.

A Deusa

A Deusa é, verdadeiramente, todas as coisas. Ela é todo poder, toda sabedoria, todo amor, toda fertilidade, toda criatividade. A força nutridora e também destrutiva que criou nosso universo e que molda nossas vidas.

Este pode ser o seu conceito da Deusa: Ela é tudo. Mesmo assim, você provavelmente precisará determinar seus símbolos e algumas de suas manifestações para se conectar adequadamente com ela. Em outras palavras, você tem que descobrir "seu número de telefone particular", seu retrato pessoal de poder que, por meio do ritual, facilitará a comunicação.

A lista abaixo consiste em um pequeno catálogo de alguns dos atributos da Deusa. Por favor, entenda que esses são apenas aspectos do mesmo ser, a Deusa, e esta está longe de ser uma lista completa. Aqui estão algumas dicas para determinar sua natureza:

- Deusa do espaço sideral
  Deusa das estrelas
  Deusa das galáxias
  Deusa do universo
- Deusa da lua
  Deusa da lua crescente
  Deusa da lua cheia
  Deusa da lua minguante
- Deusa da terra
  Deusa da fertilidade da terra e das plantas
  Deusa dos animais
  Deusa das tempestades, dos terremotos e da atividade vulcânica
  Deusa da chuva suave, dos poços, dos rios, dos lagos, do mar e dos oceanos
- Deusa do frescor, da renovação, dos princípios, da promessa e do potencial
- Deusa do parto, das mães e da maternidade

- Deusa do amor, da beleza e da compaixão
- Deusa da cura
- Deusa da profecia
- Deusa da magia
- Deusa da sabedoria
- Deusa do poder
- Deusa da destruição, da retribuição e da guerra[2]

Na verdade, a maioria das concepções wiccanas sobre a Deusa são construídas a partir de inúmeras combinações possíveis entre esses aspectos. Isso significa uma Deusa relacionada a tudo, cujos símbolos mais próximos são a lua e a terra sob nossos pés. Tudo na terra e da terra está sob seu domínio. A maioria dos wiccanos também reconhece o papel da Deusa no parto, na cura, no amor; como provedor de sabedoria e remetente de energia mágica em tempos de necessidade.

Uma concepção da Deusa tornou-se bastante popular. Enquanto Deusa tríplice (relacionada às fases da lua), ela está mais intimamente ligada à lua nova e ao frescor (em seu arquétipo de Donzela); à lua cheia, às mães e ao parto (como a Mãe); e à lua minguante com sabedoria, profecia, magia, destruição e retribuição (como a Ãnciã, fonte de toda a sabedoria). Essa "Deusa dos três aspectos" está diretamente ligada à vida e aos ciclos da mulher e, portanto, tornou-se enormemente popular tanto dentro e fora da Wicca propriamente dita (veja a sugestão de leitura). Alguns wiccanos parecem acreditar que esta é a única concepção da Deusa que já existiu. Certamente não é, mas atualmente é um modelo wiccano bastante popular.

A maioria dos wiccanos reconhece que a Deusa possui um lado obscuro. Isso é evidente na própria natureza: tempestades e terremotos imediatamente vêm à mente. No entanto, optamos por não nos concentrar nesses aspectos, e nunca a invoque para tais propósitos.

---

2. Estou ciente de que existem muitos outros tipos de deusas. No entanto, limito-me àqueles que foram adorados ou reconhecidos na contemporaneidade Wicca. Paganismo não é necessariamente wiccano.

Sejamos francos: a última coisa que nós iríamos querer é trazer mais destruição e violência ao mundo. Se ela achar adequado fazer isso, ótimo, mas o mesmo não vale para os humanos.

Durante a prática da Wicca, olhamos para os aspectos mais edificantes do Deusa. Fazer o contrário levaria à miséria e ao desespero. Se nossa religião é para nos fornecer renovação espiritual, esperança e amor, devemos nos concentrar na Deusa como um ser de amor, compaixão, nutrição e bênçãos. Eu prefiro adorá-la sob este aspecto do que como uma guerreira rainha, pois eu não sou um guerreiro. Já tivemos muitas guerras e eu de forma alguma desejo indiretamente encorajar quaisquer outras[3].

Um dos aspectos que faltam na minha lista é a Deusa do destino. Nós, wiccanos, raramente a invocamos desta forma, simplesmente porque não acreditamos em predestinação. Se o fizéssemos, não praticaríamos magia para alterar nossas vidas, pois não seria eficaz. No entanto, alguns wiccanos podem argumentar que a Deusa, de fato, tem planos para nós, e que ela pode criar situações que irá nos lembrar de maneira sutil ou severa de nossas missões, ou que irá nos induzir a tomar decisões corretas em tempos de estresse. Desta forma, talvez, a Deusa pode de fato ser vista como uma Deusa do destino, mas não em o sentido normalmente atribuído à palavra. Nós não fazemos a vontade da Deusa, ela sempre nos dá opções e permite que nos demos mal caso tomemos o curso errado.

Como a Deusa da cura, amor, beleza, compaixão e profecia, ela é adorada por quase todos os wiccanos. Alguns enfatizam esses atributos, pelo menos quando precisam deles. No entanto, ela é sempre uma deusa de amor e zelo, e rituais de cura dirigidos a ela ou através de sua vontade recebem sua bênção.

É hora de discutir as muitas formas que a Deusa pode assumir. Você pode já tê-la visto em meditações, sonhos e durante rituais. Se

---

3. Muitos de vocês vão discordar de mim, especialmente aqueles que trabalham fora da prática estrita da Wicca. Devo admitir que, sim, pode chegar um momento em que se deve invocar a Senhora da Justiça, mas tal culto pode se tornar desanimador e até perigoso. Somente aquele que é inocente de transgressão deve ousar invocar este aspecto da Deusa, pois ela provavelmente trará justiça para o malfeitor, mesmo que seja seu adorador. Pense bem nisso.

sim, pense em como ela apareceu para você. Ela é aquela com mil formas, e a forma que ela se revelou a você é uma valiosa ferramenta para contatá-la em momentos posteriores.

Se você ainda não viu fisicamente a Deusa (e muitos wiccanos nunca a viram), não se desespere. Isso pode ocorrer. Enquanto espera, construa a sua própria imagem da Deusa, usando seus sentimentos, intuições, e percepções dela (lembre-se de que ela pode secretamente ajudar neste processo). Alguns wiccanos a veem de maneiras bastante específicas:

> "Eu vejo a Deusa como uma deusa-mulher autêntica e habilidosa com cabelos da cor do trigo, olhos azuis como o oceano, pele tão escura quanto o solo enriquecido, nua, segurando flores nas mãos estendidas, em pé, debaixo de uma árvore, sorrindo."

> "Eu vejo a Deusa como um ser celestial, lunar. Sua pele é branca leitosa (como pareceria ao luar). Ela usa um manto branco diáfano que não esconde seu corpo, que muda sua forma com as fases da lua, um colar de pérolas e pedras da lua envolvem seu pescoço. Sobre sua testa, repousa uma meia-lua virada para cima. Seus cabelos são brancos (prateados ou loiros) e ela manuseia a lua brilhante entre as mãos."

> "Eu vejo a Deusa como minha falecida avó: vestida à moda antiga com trajes que ela fez com as próprias mãos, sentada em uma cadeira de balanço em frente à uma lareira com galhos de salgueiro em uma casa sem paredes. Ela está costurando lentamente o universo em um pano azul escuro e me conta todos os segredos enquanto eu me sento próximo aos seus pés em um tapete de pano. Ela é a Anciã."

Estas são visões altamente pessoais da Deusa. Nenhuma está incorreta. Essas e muitos outras são aceitas pelos wiccanos. As concepções de alguns wiccanos podem ser mais próximas daquelas formadas em outras culturas: "Eu a vejo como Atena, a Deusa da caça". "Eu vejo a Deusa como Avó Aranha." "Como Diana." "Ísis." "Hécate." Fotos de estátuas e outras imagens da Deusa podem ser encontradas em vários livros. Veja a leitura sugerida no final deste capítulo.

Novamente, pode ser suficiente para você apenas sentir a presença dela. Se você já formou uma imagem da Deusa (ou, colocando de outra forma, se ela já revelou sua forma para você), tudo bem. Se não, você pode querer descobrir sua forma por meio de ritual, oração e, talvez, sonhos. Uma palavra de advertência: se você já desenvolveu uma imagem clara da Deusa, e já determinou seus aspectos, não deixe as informações acima alterarem isso. Agarre-se ao que você descobrir, isso tem muito mais valor.

O simbolismo divino é outro aspecto da sua concepção pessoal da Deusa. Estes incluem aqueles usados em sua adoração e aqueles direta ou indiretamente relacionado a ela. Isso é em parte determinado por sua compreensão da Deusa. Se ela estiver ligada principalmente à lua, símbolos que representam a terra não falarão por ela. Aqui estão alguns símbolos sugeridos dos tipos de deusas listados acima, para serem usados em rituais, poemas, cantos e invocações:

- *Deusa do espaço sideral*: escuridão; tecido preto; estrelas; a noite; o vazio; caldeirão; flores noturnas e corujas.
- *Deusa da Lua*: crescentes; pérolas; pedras da lua; espelho; prata; Labrys.
- *Deusa da terra*: frutas; plantas, especialmente grãos; fertilizantes naturais; bonecas de palha; animais como gatos, golfinhos, leões, cavalos, cães, abelhas; água pura; uma concha coletada em uma praia; xícaras, cálices, caldeirões; esmeraldas.
- *Deusa do frescor, da renovação, dos princípios, da promessa e do potencial*: campos não arados; ovos; primavera; lua nova.
- *Deusa do parto, das mães e da maternidade*: Lua cheia; pedras com orífícos; objetos redondos ou ovais; um bebê.
- *Deusa do amor, beleza e compaixão*: espelhos; corações; flores; mel.
- *Deusa da cura*: água purificadora; mãos de fluxo de energia.
- *Deusa da profecia*: cristal de quartzo; consciência psíquica; cavernas; nudez; poças de água.
- *Deusa da magia*: todas as ferramentas mágicas; espada; athame; fuso; fogo; caldeirão.
- *Deusa da sabedoria*: incêndios; livros; corujas; lua minguante.

Lembre-se de que tais símbolos não podem ser usados em rituais, mas podem ser utilizados ao escrever invocações. A menção dessas ferramentas conecta imediata e diretamente a sua invocação com a Deusa. Muitos outros símbolos e ferramentas estão conectados com o Deusa em geral e em seus aspectos particulares.

O Deus

O Deus compartilha igualmente um lugar no coração da maioria dos wiccanos, pois, sem ele, nosso mundo seria frio, desolado de fertilidade e de toda a vida.

Embora a maioria dos wiccanos não experimente uma resposta tão emocional ao Deus como eles fazem com a Deusa, ele certamente é chamado em tempos de necessidade (especialmente para proteção). Aqui estão alguns atributos de Deus no pensamento wiccano:

- Deus do sol.
- Deus da fertilidade humana (e, portanto, sexo).
- Deus da terra.
  Deus dos animais selvagens.
  Deus das colheitas.
  Deus dos desertos, planícies, vales.
- Deus do verão.
- Deus da caça.
- Deus da morte e renascimento.
- Deus da retribuição, da guerra e dos conflitos.

Esta lista resume muito bem os principais aspectos do Deus no pensamento wiccano. O Deus simplesmente não acumulou tantos aspectos como a Deusa. Certamente, existem muitos outros aspectos de Deus (por exemplo, como o inventor de ferramentas, o supervisor de competições e assim por diante) que não foram adotadas pelos wiccanos. Isso resultou na escassez de material mítico wiccano envolvendo Deus. Alguns autores (ver leitura sugerida) tentaram preencher este vazio com rituais e mitos relativos ao Rei Oak e ao Rei Ivy. Este conceito agora é bastante comum, pelo menos em rituais públicos e entre alguns wiccanos solitários. No entanto, eu sei pouco sobre isso, e dirijo os interessados ao livro apropriado dos Farrars (ver leitura sugerida).

Sejamos francos. A Deusa parece ser mais amorosa, mais compreensiva e mais cuidadosa do que Deus. O Deus, sem culpa alguma, pode parecer inacessível, exceto em rituais wiccanos, e mesmo assim, orações formais são necessárias. Essa é uma reação humana natural, mesmo entre wiccanos, e explica facilmente a falta de material sobre ele.

Uma das razões subjacentes para este problema não é difícil de descobrir. Muitos novos wiccanos têm dificuldade em se aproximar de Deus, pois, durante toda a vida, eles aprenderam que existe apenas um Deus. Ele é ciumento, irado e promete que todos nós iremos acabar em um lugar de escuridão e sofrimento após a morte. Retratos vívidos de sua ira foram impressos com firmeza na mente de muitas crianças em uma idade bastante impressionável, e pode ser difícil para algumas dessas pessoas, agora crescidas e entrando na Wicca, remover essas concepções remanescentes da divindade masculina.

Então, novamente, algumas feministas desejam direcionar sua adoração apenas para a Deusa. Muitas delas, francamente, estão fartas de concepções de espiritualidade masculina e não desejam entrar em sintonia com elas na Wicca.

Para elas, a adoração da Deusa é completamente cumprida e, exceto quando tentam adaptar os rituais da Deusa-Deus aos ritos estritamente da Deusa, elas encontram poucos desafios ao honrar apenas a Deusa nos ritos wiccanos.

Ao Deus foi dado uma má fama por dois mil anos de hipérbole patriarcal que se desviou muito do caminho que Jesus supostamente uma vez pregou. As instituições religiosas transformaram a concepção masculina da deidade em um ser colérico cujos seguidores eliminaram civilizações inteiras e destruíram centenas de culturas, um deus em cujo nome milhões de pessoas foram mortas em guerras sagradas, um deus cujos representantes afirmaram repetidamente que a divindade não é mulher e que as mulheres não poderiam alcançar um relacionamento com o divino, exceto quando autorizadas a serem religiosas, uma divindade masculina governando sobre um mundo voltado para o homem, no qual os homens há muito tempo usam a religião como uma desculpa para dominar, subjugar e abusar das mulheres.

Neste período longo, amargo e indesculpavelmente violento da curta história de nossa espécie, a divindade masculina recebeu uma imagem negativa e assustadora. Nós o conhecemos apenas como o Deus da vingança e da guerra. Verdade, nisso Deus é bom com seus adoradores, mas qualquer um que não o adore, ou que não limite sua adoração a ele, está condenado a passar a eternidade em um buraco de fogo e tortura, sem esperança de outra vida ou fuga.

Não é surpreendente, então, que muitos novos wiccanos não se sintam confortáveis com o conceito wiccano de Deus, pelo menos durante suas primeiras aventuras na Wicca. As mulheres podem passar por momentos particularmente difíceis, pois, ao mesmo tempo em que elas podem ficar surpresas e encantadas por terem encontrado uma religião que abraça mulheres, que reconhece seu poder interior e força espiritual, que lhes permite participar como líderes em rituais e que, incrivelmente, adora uma deusa, elas podem não ser capazes de trazer o Deus em seus ritos. Pode ser difícil esquecer vinte, trinta ou quarenta anos de imagens negativas de Deus.

Alguns wiccanos eventualmente se ajustam e não têm dificuldade em adorar tanto a Deusa quanto o Deus no ritual wiccano. Outros decidem adorar apenas a Deusa. (Estas são decisões pessoais, mas, repetindo: Wicca consiste na adoração da Deusa e o Deus.)

Eu descobri em minha própria experiência que aqueles que vêm para a Wicca nunca tendo verdadeiramente acreditado ou praticado qualquer outra religião, não têm problemas em incluir Deus em seus ritos. Além disso, mesmo muitos que vieram de experiências de origens religiosas convencionais também não tiveram dificuldade com o conceito de Deus.

Para ser uma Wicca tradicional e antiga, seus rituais devem honrar ambos. Isso pode exigir redescobrir a Deus, expandindo sua consciência de sua presença e de seus atributos. Abaixo estão algumas idéias.

Você vê o Deus como alguém que odeia mulheres? Em vez disso, veja-o como um ser que a Deusa trouxe para seus braços. Lembre-se de que milhares de sacerdotisas o adoram todos os dias. Invoque-o para ajudar na promoção dos direitos das mulheres. Pergunte a si mesmo como qualquer concepção verdadeira da divindade pode odiar seus filhos.

Você vê o Deus como portador da morte? Lembre-se de que a morte é necessária em algum ponto, e que a Deusa nos traz o renascimento. Você vê o Deus como o causador da guerra? Lembre-se de que os homens têm simplesmente explorado seu lado sombrio para esse propósito. Lembre-se, no entanto, de que a guerra raramente é de natureza religiosa: suas principais motivações são a política e dinheiro. A religião muitas vezes é apenas uma desculpa.

Você vê o Deus como um juiz, como o destruidor das almas humanas no inferno? Wiccanos não aceitam a existência do inferno; ninguém nos lança em qualquer lugar, e Deus nos ama incondicionalmente. Você vê o Deus como um espírito assustador e desconhecido pairando ao redor da terra? Veja-o, em vez disso, nos rostos de seus amigos do sexo masculino e nos olhos dos meninos. Veja-o em um pão recém-assado; em cachos de uvas; no alto, nas montanhas cobertas de neve; no sol que aquece a terra e nos fornece nosso alimento e todas as nossas ferramentas para viver.

Espero que essas idéias forneçam alguma ajuda para aqueles que acreditam ser difícil entrar em contato com Deus. Este é um grande problema e é uma das razões pelas quais a espiritualidade da Deusa é tão prevalente hoje: ao longo dos séculos, os homens transformaram um Deus gentil da fertilidade em um monstro sanguinário. Apague essas imagens e concentre-se nos outros aspectos de Deus.

Novamente, você pode já ter visto Deus em uma visão, sonho ou meditação. Ele pode ter aparecido na fumaça do incenso durante o ritual. Se não, ele ainda pode se tornar visível para você. Aqui estão algumas visualizações dos wiccanos do deus:

> "Ele está em uma colina, nu, sua pele é marrom-acobreada da luz do sol. Seus cabelos são longos e pretos, e nenhuma navalha tocou seu queixo ou bochechas. Ele segura uma faca dourada cintilante; abaixo dele estão pilhas de grãos e vegetais."

> "Ele está vestido com uma túnica marrom rústica, segurando um bebê em uma das mãos e na outra a mão de uma mulher idosa. Flores secas, simbólicas da fertilidade e de seu fim, estão entrelaçadas em sua barba. Ele reside entre luz e escuridão."
>
> "O Deus está vestido de peles, mas está descalço. Eu o vejo entre uma floresta, com chifres na cabeça e há um veado nas proximidades. Um arco está pendurado em um ombro; uma lança está em sua mão. A expressão agressiva em seu rosto é suavizada por seu olhar tenro."

Novamente, alguns vêem o Deus dentro de conceitos culturais: "Eu vejo ele como Pan." "O Deus parece-me o avô." "Como Belinus." "Osiris." "Apolo."

Existem símbolos que os wiccanos usam para representar Deus na criação de rituais e poesias. Como você pode imaginar, há menos desses símbolos para ele do que para a Deusa.

- *Deus do Sol*: Sol; ouro; latão; fogueiras; velas.
- *Deus da fertilidade humana*: Bolotas; pinhas; varinhas.
- *Deus da terra*: Grãos; pedras; vales; sementes; florestas; touro, cobra, peixe, lobo, águia, lagarto.
- *Deus do verão*: Fogos ardentes; luz do dia; sul.
- *Deus da caça*: Chifres; lanças; aljava; arco; flechas.
- *Deus da morte e renascimento*: Por do sol; inverno; romãs; folhas secas; foice; noite; o Oeste.
- *Deus da retribuição, da guerra e dos conflitos*: Melhor não invocar este atributo.

Lembre-se: Deus também faz parte do paganismo contemporâneo assim como a Deusa. Ele não é assustador, a menos que você decida se concentrar em seus atributos temíveis (isso também serve para a Deusa). Ele pode ser o epítome da masculinidade compassiva, carinhosa e nutridora, mas apenas você pode descobrir isso.

Posfácio

Eu tenho esse pensamento irritante de que minhas referências para ver a Deusa e o Deus podem fazer alguns de vocês se sentirem excluídos. Não se preocupe com isso. Com a palavra "veja", não quero dizer que, enquanto completamente despertos, de repente a Deusa estará fisicamente em pé na sala diante de nós. Visitas dessa magnitude são tão raras que não precisamos esperar por elas.

Temos melhores oportunidades para ver a Deusa e o Deus durante estados alternados de consciência. No círculo, quando estamos em um estado de consciência ritual, é muito mais provável que os vejamos. Nós também podemos ter vislumbres, como já disse, durante sonhos e meditações.

A primeira vez que vi a Deusa estava em um círculo. Eu estava sentado diante do altar e estava meditando, mentalizando-a. Pode acontecer, mas não espere usar seus olhos para ver as formas da Deusa e do Deus. Perceba, também, que as formas em que eles chegam a você podem ser bem diferentes daqueles que eles se apresentam aos outros.

Leitura Sugerida

Para obter informações adicionais sobre a publicação desses livros, consulte a bibliografia.

A Deusa

Existem simplesmente muitos livros para listar, e mais estão sendo lançados a cada dia. Muitos dos novos livros da Deusa não são de natureza wiccana. Em grande parte, tentei me restringir aqui aos escritos da Deusa wiccana (ou àqueles que mais profundamente afetaram o pensamento wiccano). Para uma grande variedade de outros títulos, verifique as seções de estudos femininos de praticamente qualquer nova livraria.

Farrar and Farrar, *The Witches' Goddess.*

Graves, *The White Goddess.* Especulações de deusas, poesia e informações míticas que tiveram um tremendo impacto na Wicca contemporânea.

Neumann, *The Great Mother: An Analysis of the Archetype*. Um olhar sobre a Deusa baseado em Jung. Zilhões de fotos de imagens da Deusa.

Walker, *The Women's Encyclopedia of Myths and Secrets*. Muitas de suas fontes de pesquisa são altamente questionáveis, mas este continua sendo um bom olhar enciclopédico sobre mulheres e deusas.

O Deus

Farrar and Farrar, *Eight Sabbats for Witches*. Informações sobre o Rei Azevinho e o Rei Carvalho estão espalhadas por todo este livro.

Farrar and Farrar, *The Witches' God*. Informações sobre o Rei Azevinho e o Rei Carvalho podem ser encontradas nas páginas 35–38.

Starhawk, *The Spiral Dance*. As páginas 93-107 oferecem um aspecto um tanto feminista da visão de Deus.

Cunningham, *Wicca: A Guide for the Solitary Practitioner*. Páginas 12–14.

15

Ferramentas, altares, vestimentas, joias para o ritual

A MAIORIA DAS tradições wiccanas usam as mesmas ferramentas, com algumas adições entre certos grupos. Uma vez que as ferramentas são obrigatórias no ritual wiccano, você não terá que passar horas decidindo quais incluir em sua nova tradição. No entanto, você pode determinar o formato exato dessas ferramentas, seu simbolismo e usos rituais.

Para análise, estas são as principais ferramentas wiccanas:

- *Imagens da Deusa e do Deus.* Muitas tradições os colocam no altar. A natureza dessas imagens é muito variada. Alguns simplesmente usam velas; outros usam objetos naturais representativos da Deusa e do Deus. Há outros ainda que usam esculturas ou desenhos feitos à mão. A argila, por exemplo, quando seca em um forno normal, torna-se bastante dura. Ela pode ser usada para criar suas próprias interpretações da Deusa e do Deus (boas ideias para projetos podem ser encontradas em livros de arqueologia).
- *O Livro das Sombras.* Este livro escrito à mão registra o coração de qualquer tradição wiccana: ritos, regras, técnicas mágicas e outras informações. (Veja o capítulo 21).
- *Athame* (faca). Um direcionador de energia usado para criar o círculo mágico.
- *Incensário.* Nele, incenso ou ervas são queimados para convidar a presença da Deusa e do Deus, e para limpar o espaço ritual. (Uma pequena caixa, tigela ou garrafa de para conter o incenso não queimado também é usada.)

- *Taça* (ou cálice). Contém vinho, água ou outros líquidos para uso durante o ritual.
- *Faca de cabo branco*. É usada para cortes reais dentro ou fora do círculo.
- *Sal*. Geralmente usado para fundição de círculos, consagração de ferramentas e para outros fins.
- *Água*. Serve para purificação do círculo.
- *Pentáculo*. Consiste em um disco plano ou placa contendo, no mínimo, o símbolo de uma estrela de cinco pontas.
- *Varinha*. Ferramenta tradicional, geralmente usada tanto para aumentar a força quanto para convidar seres a participar do círculo.

Eu listei as ferramentas aqui porque elas são parte integrante da Wicca, e toda tradição wiccana deve utilizar a maior parte delas, senão todas. Por quê? Porque as ferramentas estão entre os aspectos externos da Wicca pelos quais definimos nossa religião. Se você criou uma tradição que nunca utilizou nenhuma dessas ferramentas, provavelmente ela não é wiccana. Portanto, as ferramentas devem ser usadas, a menos que você decida trabalhar por conta própria. Outras ferramentas que não são tão amplamente utilizadas podem ser incorporadas à sua tradição wiccana como você achar necessário.

- *Caldeirão*. Alguns wiccanos utilizam caldeirões como símbolos da Deusa e podem ser o centro de rituais religiosos. Às vezes, verdadeiros incêndios são criados dentro deles.
- *Sino*. Os sinos podem ser tocados em pontos específicos dos rituais.
- *Vassoura*. Minha primeira professora sempre limpava a área do ritual com sua vassoura antes do ritual.
- *Cordões*. Importante em grupos iniciáticos, nos quais os cordões muitas vezes simbolizam o vínculo de amor e responsabilidade compartilhados pelos membros, também são usados em alguns ritos de iniciação. Cordões podem certamente ser usados pelo wiccano solitário, mas não precisam estar constantemente no altar. Os cordões são verdadeiras ferramentas de funcionamento do coven.

- *Tecido de altar.* Algumas tradições wiccanas prescrevem uma toalha de de cor específica para uso no altar. Certos padrões (como pentagramas) podem ser bordados ou pintados nesses panos. Muitas tradições, no entanto, não os usam. (Se não me engano, meu primeiro professor geralmente usava panos brancos no altar para as luas cheias. Sinceramente, não me lembro, afinal, isso foi há vinte e um anos.

Essas listas de ferramentas podem ser estendidas: garrafas de óleos rituais, abafador de velas, colheres para incensos e espadas vêm imediatamente à mente. Outros objetos podem muito bem estar no altar com as outras ferramentas de tempos em tempos: flores ou plantas sazonais, rascunhos ou runas, ou fotografias para propósitos mágicos.

Ao decidir quais ferramentas usar em sua nova tradição, sempre confie em sua experiência. Você pode ler em algum lugar que o athame deve ter dois gumes em uma fonte; em outra, ser de um único gume. Alguns livros afirmam que o athame deve ser afiado como uma navalha, enquanto outros dizem que pode ser cego. Você deve decidir o que é certo para você. Tome uma decisão e mantenha-a. Coloque todas essas decisões por escrito, primeiro em notas preliminares e, finalmente, em seu Livro das Sombras (consulte o capítulo 21). Você pode muito bem escrever em seu Livro das Sombras: "O athame, uma faca de dois gumes, de cabo preto, usada para direcionar o poder. Não precisa ser afiado." Isso, então, se tornará parte de sua tradição.

Altares

Como centro físico de suas observâncias religiosas, o altar é de primordial importância. As teorias sobre o significado e a disposição adequada das ferramentas nos altares variam. Que altares são necessários, entretanto, raramente é questionado. Mais uma vez, os altares não necessariamente fazem o wiccano, mas o uso deles é um dos parâmetros de definição das práticas wiccanas.

Por mais que possamos desfrutar de rituais espontâneos em uma floresta ao luar, enquanto observamos um por do sol no deserto ou deitamos em uma planície gramada, os rituais estruturados são uma parte importante da tradição wiccana de longa data e rituais (na maioria das vezes) são realizados com altares.

Muitos livros contêm padrões e layouts de altares que você pode usar para criar os seus. Como a maioria das tradições wiccanas utilizam uma disposição específica de altar, sua tradição também poderá ter sua própria versão. Aqui estão alguns princípios básicos:

- O altar é sempre redondo. O altar é sempre quadrado. O altar é sempre retangular. O altar pode ter qualquer formato. Isso quase resume o pensamento wiccano sobre a forma apropriada de um altar. Muitos usam altares redondos para simbolizar, entre outras coisas, a Deusa. Tome sua própria decisão.
- A imagem ou símbolo da Deusa pode ser colocado à esquerda do altar quando você estiver diante dele; e a imagem do Deus à direita.
- Ferramentas associadas à Deusa (cálice, sinos, sistros, vassouras, caldeirões) são frequentemente colocados à esquerda. Ferramentas associadas ao Deus (espadas, varinhas, faca de cabo branco, tigela de sal, incensário) são frequentemente colocados à direita do altar. Outras ferramentas podem ser colocadas no centro: pentáculo, incensário, flores frescas, ou plantas.
- Um método totalmente diferente de organizar o altar leva os elementos em consideração. As ferramentas terrestres (pentagrama, sal) são colocadas ao norte; o incensário e o incenso ao leste para representar o ar; uma vela vermelha para o sul para representar o fogo; e a tigela de água, cálice, caldeirão, sino e outras ferramentas para o oeste para representar a água. (Isso e o sistema acima não podem ser usados simultaneamente)
- As velas são geralmente colocadas onde não podem ser facilmente derrubadas, como na parte de trás do altar.
- Deixe um espaço em seu altar para o Livro das Sombras aberto. Se não, crie ou encontre um pequeno suporte para colocar o livro durante os rituais. Embora nossos rituais devam ser memorizados, todos nós podemos ter lapsos de memória e é bom ter um lembrete a mão.

- O altar é sagrado. Não que a Deusa e o Deus vivam dentro dele, mas porque o utilizamos e as ferramentas que ele contém para finalidades espirituais. Assim, apenas objetos diretamente conectados com a Wicca e/ou ritos mágicos realizados no círculo devem ser colocados no altar.
- Se, após o ritual, o altar for usado para outros fins (como, talvez, uma mesa de centro), nessas horas deixa de ser altar. Somente quando coberto com as ferramentas da nossa religião e usado como um ponto focal para o ritual torna-se um altar.

A partir disso, e estudando os projetos de amostra de altar incluídos em outros livros wiccanos, você deve ser capaz de criar uma disposição adequada à sua tradição. Inclua um rascunho ou um diagrama do desenho do seu altar no Livro das Sombras.

Certifique-se de saber os "porquês" de sua disposição. Se você decidir colocar o athame diretamente na frente de uma imagem da Deusa, com sua ponta direcionada ao símbolo dela, saiba por que você decidiu fazer isso.

Mantos

Muitos wiccanos se vestem com mantos especiais para a adoração. Essas vestimentas geralmente **são** usadas apenas para observâncias rituais, e podem ser simples ou decoradas com símbolos ou bordados.

Alguns wiccanos adoram nus. Esta é uma decisão pessoal. Embora um manto possa parecer inútil para um wiccano solitário que pratica rituais de nudez, é bom ter um guardado em algum lugar, no caso de você mudar de ideia ou ser convidado para um ritual de manto. Isso acontece.

Padrões para mantos podem ser encontrados na maioria das lojas de tecidos. Se você decidir fazer o seu, use um pano natural. Poliéster e outros tecidos sintéticos irão deixá-lo com calor e desconfortável no círculo, e dificilmente farão você se conectar com as divindades da natureza. Mantos também estão disponíveis em seções de ocultismo nas lojas e pela internet.

Joias Rituais

Por "joias rituais", não estou me referindo a anéis e colares usados diariamente, mesmo que sejam um símbolo da Deusa e/ou do Deus. Esse termo refere-se a joias usadas apenas no círculo para fins rituais. Em muitas tradições wiccanas, um colar é considerado a peça ideal para mulheres em rituais, pois simboliza a reencarnação, bem como a Deusa. Algumas tradições por vezes exigem que as mulheres usem um colar de algum tipo no círculo.

Outras tradições podem usar pulseiras (geralmente planas e inscritas com runas ou símbolos) ou anéis no ritual. A famosa liga (ou jarreteira) costuma ser usada apenas pelas Sumas Sacerdotisas de certas tradições.

Você pode simplesmente usar o que quiser no círculo. Alternativamente, pode usar uma joia especial que você dedica especificamente à sua tradição, ou pode até afirmar no Livro das Sombras que uma determinada peça (como um anel de pedra da lua) deve ser usado no círculo todas as vezes. Se você for especialista em fabricação de joias, pode criar uma peça única. Um colar de contas, um anel ou pingente criado pelo método de cera perdida. Lembre-se: joias rituais não são usadas fora do círculo. Quando são, perdem seu especialismo e seus vínculos diretos com o ritual. Outras peças podem ser usadas o tempo todo, mas, se você optar por usar joias rituais, guarde-as para o círculo.

16

Estrutura do ritual: Parte I

Os RITUAIS certamente serão uma parte importante de sua nova tradição. Com isso, passaremos algum tempo discutindo sua criação. Salvo em casos raros, como emergências, ou durante ritos espontâneos, todos os rituais wiccanos devem incluir o seguinte:

- Purificação de si mesmo
- Purificação do espaço
- Criação de espaço sagrado (incluindo o altar)
- Invocação
- Observância do ritual (e/ou) aumento de energia
- Aterramento do poder
- Agradecimento à Deusa e ao Deus
- Banimento do círculo

Como você sabe, as observâncias de rituais não são obrigatórias durante cada ritual wiccano, bem como o aumento de energia (magia). Eles ocorrem apenas quando necessário. No entanto, os demais aspectos rituais são vitalmente importantes para que os rituais de sua tradição sejam wiccanos.

A maneira como você irá observar essas necessidades nos rituais, claro, depende de você. A seguir está um modo de um wiccano solitário construir seus rituais básicos (permitindo mudanças dependendo da ocasião):

- *Purificação de si mesmo*: banhar-se e/ou ungir-se com óleo;
- *Purificação do espaço*: borrifar água fresca ou varrer a área;

- *Criação de um espaço sagrado*: montar altar; lançar um círculo com athame; carregar em volta com sal, incenso, vela e água;
- *Invocação*: orar à Deusa e ao Deus, seja com invocações memorizadas ou com palavras espontâneas;
- *Observância do ritual*: realizar rituais registrados no Livro das Sombras, no caso de um sabbat ou esbat;
- *Aumento de energia*: este wiccano optou por não fazê-lo no sabbats, mas faz mágica nas luas cheias;
- *Aterramento do poder*: comer bolachas e beber vinho, leite ou água;
- *Agradecimento à Deusa e ao Deus*: com palavras espontâneas ou com palavras escritas a mão;
- *Banimento do círculo*: corte o círculo com o athame, atraia a energia de volta para a faca; desmonte o altar;

Este é um método para cumprir os requisitos básicos de um ritual wiccano. Depois de encontrar o seu, descubra precisamente como esses elementos podem ser encaixados para criar um ritual fluido.

Esbats

De modo geral, qualquer ritual wiccano realizado em qualquer momento que não seja durante um sabbat é um esbat. Rituais de lua cheia são esbats, mas não são os únicos. Algumas tradições também lançam círculos nas luas novas. Esses, também, são esbats.

Existem muitas razões para observar esbats. Você pode querer falar com a Deusa, e não há lugar melhor para fazer isso do que com a segurança de estar dentro de um círculo. Você pode ter uma necessidade mágica urgente, como algum amigo doente, e isso exige que um círculo seja mantido e poder seja gerado dentro dele. E, como a maioria dos wiccanos, você simplesmente pode desejar reviver a atmosfera serena e sobrenatural do círculo. Tudo bem também.

Muitos esbats não são pré-planejados. Ainda assim, praticamente todos seguem o formato básico do ritual descrito acima, com uma exceção: observâncias de rituais não são mantidas, e a magia pode ou não ser feita. Fora isso, é igual.

Os rituais da lua cheia são um pouco diferentes. Como você bem sabe, muitos rituais da lua cheia observados na Wicca hoje são realizados, naturalmente, durante a lua cheia. Mas, se isso não for possível, dois dias antes ou dois dias depois da fase são considerados próximos o suficiente. Aqui está um plano sugerido para um esbat de lua cheia:

- Tome um banho de purificação.
- Fumigue a sala em que o esbat será realizado com uma mistura de sândalo e olíbano queimando em brasa.
- Crie o altar com as ferramentas usuais. (Alguns wiccanos fazem o arranjo do altar um pouco diferente para os esbats, outros usam a mesma disposição para todos os ritos. Ferramentas adicionais, conectando esta ocasião com a lua, podem incluir toalhas brancas de altar, objetos de prata, luas crescentes, pedras da lua, flores brancas e outros objetos lunares.)
- Lance o círculo. Geralmente não é diferente daquele realizado em sabbats.
- A Deusa (e geralmente, o Deus) é solicitada a estar presente no círculo.
- A Deusa é invocada em um cântico rebuscado bastante extenso que a reconhece e a conecta com a lua (embora nós não oremos especificamente para a lua). Este período de invocação pode, alternativamente, consistir em uma música cantada ou tocada em um instrumento, uma dança, ou até mesmo uma série de gestos lunares.
- Após esta invocação, alguns wiccanos meditam sobre a lua ou sobre uma imagem da Deusa (mas tal meditação pode ocorrer mais tarde).
- Então, após a meditação, ou em seu lugar, alguma magia pode ser realizada para tirar proveito da força mais poderosa da lua. Não necessariamente retiramos energia lunar diretamente da lua, mas, assim como a lua rege as marés, rege também nossa energia corporal. Na fase cheia, a lua aumenta sutilmente a quantidade de energia disponível em nossos corpos, fazendo com que a magia executada durante esta fase fique muito mais poderosa. Mulheres cuja menstruação coincide com a lua cheia podem ser duplamente ou triplamente empoderadas.

- Depois que a energia é elevada e enviada em direção ao seu destino, muitos wiccanos se sentam, meditam, oram ou simplesmente relaxam.
- Em seguida, o wiccano se aterra comendo o tradicional bolo[4] em forma de meia-lua e bebendo vinho, cidra de maçã, limonada ou suco.
- Finalmente, agradecemos à Deusa e ao Deus por comparecerem aos ritos, o círculo é banido e as ferramentas do altar são guardadas com segurança.

Esta estrutura de ritual da lua cheia pode ser personalizada de muitas formas, de acordo com seus desejos e necessidades espirituais. Você pode desejar anotar algumas ideias para seus próprios rituais de lua cheia.

As invocações podem ser obtidas em vários livros (veja a lista no final deste capítulo), e você pode usar qualquer uma que se identificar. Para a lua cheia, no entanto, use apenas aquelas que invocam a Deusa em seu aspecto lunar. Você também pode criar suas próprias invocações. As melhores são feitas em rima, ou em linguagem fluida, leve e cuidadosamente construída.

Sabbats

Sabbats são bem diferentes. Como você provavelmente já viu na leitura de rituais sabáticos publicados, há pouca concordância quanto aos significados de cada feriado e ações rituais apropriadas. Alguns ritos sabáticos foram bastante influenciados por uma cultura específica, outros são mais genéricos. Certos rituais sabáticos cíclicos estão diretamente relacionados às histórias sagradas de uma tradição a respeito da Deusa e do Deus; em outras tradições, pouca informação mítica é evidenciada.

De qualquer forma, a maioria daqueles que são publicados são projetados para grupos, e, já que você não pode estar em dois lugares

4. Para obter uma receita saborosa, consulte Wicca: Um Guia para o Praticante Solitário, p. 152.

ao mesmo tempo no círculo, para acompanhar tais eventos ou para responder às suas próprias declarações, sugiro que escreva a sua versão.

Lembre-se do seguinte:

> A estrutura cultural vagamente britânica/do Oriente Médio da Wicca pode ser usada para determinar os temas do sabbat (e geralmente são. Estas incluem: nascimento de O Deus "sol" (Yule); a recuperação da Deusa (Imbolc); a vinda da primavera (Ostara); o acasalamento ou casamento da Deusa e do Deus (Beltane); a chegada do verão (Litha); a primeira colheita (Lughnasadh); a segunda colheita (Mabon); a morte do Deus (Samhain).

Existem algumas outras opções. Você pode criar sua própria história mítica da Deusa e do Deus (entrelaçado com as estações, o sol, e a lua) com base na lista abaixo de simbolismo básico sazonal dos sabbats:

- *Yule*: renovação e renascimento durante o inverno
- *Imbolc*: O festival das luzes (para encorajar o retorno do sol)
- *Ostara*: O início da primavera
- *Beltane*: O retorno da fertilidade
- *Litha*: Grande poder mágico
- *Lughnasadh:* Colheita e ação de graças
- *Mabon:* segunda colheita e mistérios
- *Samhain:* O fim do verão; os mortos são honrados

Em seu novo mito, cada sabbat deve, à luz da tradição wiccana, ter algo a ver com fenômenos agrícolas e astronômicos que estão ocorrendo. Ignorar isso seria negar o poder especial da noite (ou do dia), o que invalidaria qualquer motivo para a observância de um ritual. Em outras palavras: não se afaste muito do caminho. Honestamente, é melhor utilizar o simbolismo tradicional do sabbat para escrever novos rituais que celebrem essa herança.

A estrutura básica dos ritos sabáticos pode ser dividida em duas partes: palavras faladas e ações rituais. As palavras faladas estão quase sempre diretamente relacionadas ao sabbat. A Deusa é invocada no

Imbolc como a Deusa da Fertilidade; despedidas são feitas ao Deus no Samhain. Adicionalmente, palavras podem ser faladas sobre as mudanças internas que ocorrem nos sabbats.

Ao criar sua própria tradição, você pode optar por usar passagens de rituais já publicados. Alternativamente, você pode escrever suas próprias palavras. O segundo método é certamente o melhor, mas belas orações e palavras já foram impressas, e não vejo razão por que você não deva incorporá-las em sua nova tradição se você estiver confortável com isso, e se as palavras comoverem você.

As ações rituais são uma parte tão importante dos sabbats quanto as palavras. Aqui estão algumas para cada feriad[5]o:

- *Yule*: fogos são acesos dentro de caldeirões; velas podem ser carregadas em volta do círculo; árvores ou perenifólias em vasos podem ser homenageadas como símbolos da fertilidade contínua da terra; um tronco de Natal (Tora de Yule) pode ser aceso se houver uma chama fisica dentro do círculo.
- *Imbolc*: velas ou tochas são acesas e colocadas em círculo, e geralmente são carregadas ao redor do altar em algum ponto; uma roda do ano é colocada no altar; há o ritual de bênção e plantio de sementes em vasos no círculo com pedidos à Deusa e ao Deus.
- *Ostara*: uma fogueira é acesa no círculo com palavras apropriadas durante o rito em si – não antes.
- *Beltane*: Fitas são trançadas (não as tradicionais, mas aquelas próprias para a Festa do Mastro); fogueiras são saltadas; cornetas são sopradas.
- *Litha*: O caldeirão é rodeado de flores (ou cheio com água fresca e flores); uma espada mergulhada no caldeirão; fogueiras são saltadas; ervas secam sobre o fogo.
- *Lughnasadh*: o pão é comido, jogado nas chamas ou usado de outra forma no ritual; o trigo pode ser tecido em imagens ou símbolos da Deusa.

---

5. Essas ações rituais básicas foram retiradas de muitos Livros das Sombras.

- *Mabon*: a fruta é homenageada como prova do amor da Deusa e do Deus; Há um ritual de borrifar folhas.
- *Samhain*: Há o perscrutar em fumaça, chama de vela ou fogo; chamando os mortos, comida é deixada do lado de fora após o ritual para os mortos.

Existem símbolos, ferramentas especializadas e cores associadas a cada sabbat que também podem ser usados para criar sua nova tradição. Aqui está uma lista de alguns deles:

- *Yule:* As cores são verde e vermelho. Um símbolo de roda (que pode facilmente ser feito de uma coroa de flores ou ter a forma de uma coroa de flores; use sua imaginação); perenifólias; Tora de Yule; pequena árvores (em vasos).
- *Imbolc*: as cores são branco ou verde e branco ou azul. Um prato nevado; perenifólias; velas.
- *Ostara*: a cor é branco. Uma planta em um vaso; caldeirão ou fogueira.
- *Beltane*: A cor é branco. Flores frescas; caldeirão cheio de flores. Os espelhos também são apropriados.
- *Litha*: a cor é branco. Artemísia. Espelhos para capturar o sol (ou as chamas do fogo).
- *Lughnasadh*: As cores são vermelho e laranja. Bonecas de milho; pães especiais; grãos.
- *Mabon*: As cores são vermelho e marrom. Pinhas; nozes; trigo; folhas secas.
- *Samhain*: As cores são vermelho ou preto. Romãs; abóboras; maçãs.

Você pode querer seguir o plano abaixo na criação de sua tradição de rituais de sabbat.

- Escreva o nome de cada sabbat em uma folha de papel separada.
- Faça anotações sobre o significado de cada sabbat (veja a lista no final deste capítulo).

- Decida qual dessas influências é de especial importância; aquelas que parecem fluir de um sabbat para o outro.
- Comece com o Yule. Leia todos os rituais que você encontrar para este sabbat. Depois, deixe os livros abertos nas páginas corretas e estude os rituais juntos. Quais são seus temas comuns? Que estruturas ou ações rituais você mais gosta? Em seguida, leia as listas de ações rituais e símbolos rituais que eu sugeri acima. Na página intitulada "Yule", escreva suas escolhas de ações de Yule, símbolos e estrutura ritual que mais o atraem.
- Continue este processo para cada um dos sete sabbats restantes. Perceba que você provavelmente não conseguirá fazer isso em uma noite.
- Encontre, peça emprestado ou escreva suas próprias palavras para cada sabbat. Não hesite em pegar emprestado ou adaptar invocações impressas. Este é velho hábito wiccano. Use páginas extras, se necessário. Trabalhe nos sabbats na mesma ordem, registrando as palavras que você escolheu para cada ocasião ritual. Não se apresse; essas palavras podem muito bem se tornarem o centro de seus rituais wiccanos.
- Finalmente, "case" os elementos que você reuniu para o Yule em um ritual apresentável. Escreva seu ritual. Inclua símbolos, cores (se achar que deve, em toalhas de altar, velas, etc.), palavras e ações rituais. Repita esse processo nos outros sabbats.
- Corrija os rituais. Adicione "lançar o círculo" e qualquer outra instrução que você deixou de fora.
- Copie os rituais em seu Livro das Sombras e esteja preparado para fazer outras correções ou alterações conforme achar necessário.
- Finalmente, durante o próximo ano, experimente seus rituais nas datas apropriadas

Criar os rituais do sabbat é um processo desafiador que requer raciocínio, pesquisa e tempo. O resultado final, um conjunto de rituais sabáticos viáveis projetados especificamente para atender às suas necessidades, claramente vale o esforço. Criar seus próprios rituais é uma maneira maravilhosa de demonstrar sua devoção à Wicca.

Sabbat	Simbolismo	Ações rituais	Símbolos
Yule	Renovação e renascimento durante o inverno	Fogueiras acesas, velas carregadas ao redor do círculo, tronco de Yule	As cores são verde e vermelho. Roda do ano, perenifólias, tronco de Yule, pequena árvore em vaso
Imbolc	Festival das Luzes	Velas acesas e colocadas em círculo, bênção das sementes, Roda do ano colocada no altar	As cores são branco, verde e branco ou azul. Prato nevado, sempre-vivas, velas
Ostara	Início da primavera	O fogo é aceso em círculo durante (não antes) o rito em si	A cor é branca. Vaso de planta, caldeirão ou fogueira
Beltane	Retorno da fertilidade	Fitas trançadas, fogueiras saltadas, cornetas soadas	A cor é branca. Floresfrescas; caldeirão cheio de flores; espelhos
Litha	Grande poder mágico	Flores colocadas em círculo no caldeirão, espada mergulhada no caldeirão, fogueiras saltadas, secagem de ervas	A cor é branca. Artemísia; espelhos para capturar o sol (ou as chamas do fogo)
Lughnasadh	Colheita e ação de graças	Pão comido e jogado ao fogo, tramas tecidas para a Deusa e símbolos do Deus	As cores são vermelho e laranja. Bonecas de milho; pães especiais; grãos
Mabon	Segunda colheita e mistérios	A fruta é homenageada, aspersão ritual de folhas	As cores são vermelho e marrom. Pinhas; nozes; trigo; folhas secas
Samhain	Fim do verão; os mortos são honrados	Perscrutar chama da vela, espelhos, fogo; chamamento dos que partiram; deixar a comida após o ritual	As cores são vermelhas ou pretas. Romãs; abóboras; maçãs

Posfácio

Seguir essas diretrizes para moldar seus rituais de esbat e sabbat criará basicamente rituais wiccanos. Romper com esses padrões tradicionais pode, no entanto, levá-lo a um território decididamente não wiccano. Assim como um pedaço de tecido pode ser cortado e costurado em uma grande variedade de objetos, de fronhas a ursos de pelúcia e roupas, o ritual wiccano também pode ser elaborado de várias maneiras. No entanto, se você deseja fazer uma camisa com esse tecido, mas decidir não incluir mangas, no final, você não terá uma camisa.

Os rituais de uma nova tradição wiccana também devem ser cuidadosamente elaborados, seguindo formas estabelecidas, para evitar costurar uma camisa que não pode ser usada. Embora a estrutura do ritual wiccano seja um pouco maleável, os aspectos definidos devem ser seguidos se você quiser continuar praticando a Wicca.

Estas palavras não devem assustá-lo. Criar uma nova tradição wiccana pode ser difícil. Requer atenção aos detalhes e um pouco de imaginação e criatividade, mas esse pensamento criativo deve ser colocado dentro de um contexto wiccano. Do contrário, você simplesmente estará criando uma nova religião.

Sugestão de Leitura

Para obter informações adicionais sobre a publicação desses livros, consulte a bibliografia.

Para obter informações básicas sobre esbats, consulte:

Valiente, *An ABC of Witchcraft*. (Páginas 135-137).

Guiley, *The Encyclopedia of Witches and Witchcraft*. (Páginas 113-114).

Para textos reais de rituais de esbat e lua cheia, consulte:

Valiente, *Witchcraft For Tomorrow. (Páginas* 168-170).

Buckland, *Buckland's Complete Book of Witchcraft. (Páginas* 61-62).

Buckland, *The Tree. (Páginas* 50-53).

Slater, *A Book of Pagan Rituals*. (O rito denominado "Ritual Pagão para Uso Geral", nas páginas 8-10, é essencialmente um esbat. As páginas

55-57 contêm um rito pagão solitário da lua cheia. Atenção: estes não são rituais estritamente wiccanos)

Cunningham, *Wicca: A Guide for the Solitary Practitioner. (Páginas* 124-126).

Para obter informações básicas sobre os sabbats, consulte:

Valiente, *An ABC of Witchcraft. (Páginas* 406-408).

Farrar, *What Witches Do. (Páginas* 95-107).

Farrar and Farrar, *Eight Sabbats for Witches. (Páginas* 61-150).

Guiley, *The Encyclopedia of Witches and Witchcraf. (Páginas* 288-290).

Frazer, *The Golden Bough. (Páginas* 705-763). Tenha em mente que muito do que Frazer discute não é realizado por wiccanos. No entanto, essas palavras provam a existência dos antigos festivais de fogo que eventualmente evoluíram para o que hoje conhecemos como sabbats. Esta seção do livro é obrigatória para todos os wiccanos.

Burland, *Echoes of Magic.* (O livro inteiro é de grande interesse. Infelizmente, hoje em dia é impossível encontrá-lo.)

Para roteiros de rituais sabáticos, consulte:

Starhawk, *The Spiral Dance.* (Páginas 169-183. Contém um conjunto completo de oito ritos sabáticos.)

Z Budapest, *The Holy Book of Women's Mysteries.* (O Deus não foi incluído.)

Farrar and Farrar, *Eight Sabbats for Witches.* (Páginas 61-150).

Buckland, *The Tree.* (Páginas 57-77 incluem oito ritos sabáticos)

Slater (editor), *A Book of Pagan Rituals.* Escrito para não iniciados. As páginas 23-42 descrevem nominalmente rituais sabáticos em grupos wiccanos, aqui denominados "Os Oito Festivais do Bosque". As páginas 58-79 incluem rituais solitários completos, uma das razões para a popularidade deste livro. Embora ele não seja estritamente wiccano, é bem parecido.

Cunningham, *Wicca: A Guide for the Solitary Practitioner.* (Este livro inclui oito ritos sabáticos solitários nas páginas 127-143.)

17

Estrutura do ritual: Parte II

SIM, TEM MAIS, mas relaxe. Esta parte é muito mais fácil do que escrever seus ritos de esbat e sabbat, pois consiste em determinar a forma de alguns outros ritos muito menos complicados.

O Círculo

A esta altura, você provavelmente encontrou um modelo de círculo adequado. Se não, agora é a hora de decidir. Você deve saber quais ferramentas escolher e como são usadas. As leituras oferecem muitos exemplos. Tanto foi escrito sobre o círculo se moldando que acho que retomar esse assunto aqui não faria sentido. Portanto, discutirei outros aspectos abaixo.

Na verdade, ao determinar o lançamento do círculo a ser usado, você pode adotar um que tenha aparecido em um livro ou utilizá-lo como base para criar o seu. De qualquer forma, o lançamento do círculo é um ritual importante. Para ser o mais breve possível, aqui está uma análise das etapas rituais externas que geralmente compõem a formação de um círculo:

- Purificação da área.
- Arrumação do altar.
- Acendimento de velas e incenso.
- Consagração da água.
- Benzimento do sal.
- Criação mágica do círculo.

Deve-se polvilhar sal ao redor do círculo e carregar o incensário fumegante em torno dele. Carrega-se uma vela em chamas ao redor do círculo e polvilha-se água ao redor dele. (Eu enfatizo que, embora tal forma seja usada por muitos wiccanos, dificilmente este é o único método de lançar o círculo.)

Além de conhecer a mecânica externa do lançamento do círculo, você também deve estar ciente dos processos internos que ocorrem dentro de você durante o ritual (incluindo aumento e liberação de energia, visualizações e alterações no estado de consciência). Depois de decidir sobre um lançamento de círculo específico, familiarize-se com ele e sinta-se à vontade. É melhor se ele puder ser totalmente memorizado.

Também é hora de determinar o conceito básico do círculo em sua tradição. O quão forte ele é? Você pode passar por ele ou precisa abrir uma porta para sair do círculo? Se sim, como se faz uma porta? E quanto aos animais de estimação e crianças que perambulam pelo seu círculo? Eles vão prejudicá-lo? Será necessário refazê-lo quando isso ocorrer?

Qual é a função do círculo? Manter a energia? Manter algo fora? Ambos? Ou é simplesmente um lugar que você cria para se encontrar com a Deusa e o Deus? O círculo é necessário para todos os rituais, mesmo aqueles que ocorrem ao ar livre? E no caso de emergências?

A determinação dessas informações fará com que você crie círculos mais fortes e eficazes. Por quê? Porque você conhecerá seu círculo de trás para frente e não terá incertezas em relação ao seu propósito ou função. (Você também terá que criar seu rito de banimento do círculo. Veja as leituras.)

Consagração de ferramenta

Muitas tradições utilizam um ritual específico para a consagração de ferramentas. Alguns usam os quatro elementos (terra, ar, fogo e água) em tais rituais. Outros, uma aspersão de sal bento e água consagrada. Algum tipo de encantamento deve ser criado, emprestado ou adaptado para resumir apropriadamente a ação ritual. Esses ritos são geralmente bastante curtos e dependem muito mais da energia do consagrador do que da própria forma ritual.

Bolos e vinho

Bolos e vinho (também conhecidos como bolos e cerveja ale e, no sucessor deste livro, como o "Banquete Simples") é um rito-dentro-de-um-rito que tanto fundamenta a energia quanto nos liga diretamente com a Deusa e o Deus, já que estamos consumindo alimentos criados em seu planeta. Vários wiccanos usam cookies que eles próprios assaram para representar os "bolos". Outros usam cream crakers ou até biscoitos comprados em lojas.

Muitos wiccanos não bebem vinho. Se este for o seu caso, que tipo é mais apropriado para o rito bolos e vinho? Se você não bebe vinho, qual seria um bom substituto? Suco de uva? Suco de maçã? O ritual é bastante simples: os bolos (biscoitos) e o vinho (suco) são abençoados por uma breve oração dedicada à Deusa e ao Deus. Uma pequena porção pode ser deixada no altar ou em uma tigela de oferendas para ser dada mais tarde à terra, e o alimento é comido durante o ritual.

Escrever esses rituais não é tão difícil quanto parece, especialmente se você adaptar algum de outras tradições. Eles são necessários em todas as tradições wiccanas e devem ser finalizados para sua nova tradição. Existem outros rituais que você pode escrever ou adaptar como achar melhor. Eles não são estritamente necessários no que provavelmente será uma tradição wiccana solitária, mas você pode querer tê-los à mão e copiá-los em seu Livro das Sombras só para garantir. (Para exemplos, veja a lista no final deste capítulo.)

Handfasting (Atar das Mãos) (Uma Cerimônia Wiccana de Casamento)

Você pode não precisar de uma, mas, novamente, o importante é que você pode tê-la. Essas cerimônias, é claro, não são juridicamente vinculativas, a menos que sejam realizadas por uma pessoa com poderes concedidos pelo estado em que as pessoas residem. Isso pode ou não ser motivo de preocupação.

Cerimônia de Nascimento

Alguns chamam isso de "wiccanoings", mas não gosto do termo. Você também pode ter perguntas sobre este rito: o bebê está sendo dedicado à Deusa e ao Deus? Em caso afirmativo, ela ou ele não deveria ter uma palavra a dizer sobre o assunto? E, portanto, isso deve ser feito em uma idade posterior? Se o rito é puramente protetor e comemorativo, no qual a criança é mostrada à Deusa e ao Deus, tais questões não precisam surgir. Isso irá depender da maneira como você escreve o ritual.

Cerimônia de Morte

Os wiccanos, como grupo, não ritualizam o luto. A morte é uma porta pela qual as almas passam para reentrar no reino da Deusa. Corpos são simplesmente ternos que vestimos e usamos até que se desgastem, ou até que não tenhamos necessidade de mais lições e oportunidades nesta vida. Os corpos devem ser cuidados, mas suas mortes não são, tradicionalmente falando, momentos de tristeza ritualizada, pois a alma nunca morre. Como deve ser em uma religião que abraça a reencarnação; que vê a morte corporal como apenas uma das muitas transições que a alma humana experimentará? Naturalmente, os wiccanos sofrem, e muitos têm pequenos ritos para marcar a transição de um ente querido. Poucos desses ritos foram impressos. Você pode escrever o seu caso sinta necessidade.

Autoiniciação e Rituais de Iniciação

Finalmente, você pode desejar gravar sua própria cerimônia de auto-iniciação. Pode até escrever ou adaptar uma cerimônia de iniciação, se tiver planos de ensinar aos outros sua tradição wiccana. Nunca é cedo demais para começar a planejar.

Sugestão de Leitura

Para obter informações adicionais sobre a publicação desses livros, consulte a bibliografia.

Lançamento de Círculo

A maioria dos livros abaixo inclui a criação e a liberação do círculo.

Farrar, *What Witches Do.* (Páginas 56-60.)

Valiente, *Witchcraft For Tomorrow.* (Páginas 155-159.)

Starhawk, *The Spiral Dance.* (Páginas 55-57.)

Cunningham, *Wicca: A Guide for the Solitary Practitioner.* (Páginas 115-122.)

Buckland, *The Tree.* (Páginas 38-41; aqui intitulado "Erecting the Temple" e "Clearing the Temple.")

Consagração de Ferramentas

Farrar and Farrar, *The Witches' Way.* (Páginas 44-48.)

Cunningham, *Wicca: A Guide for the Solitary Practitioner.* (Páginas 133-134.)

Slater, *Pagan Rituals III.* (Página 59.)

Valiente, *Witchcraft For Tomorrow.* (Páginas 164-166.)

Bolos e Vinho

Farrar and Farrar, *Eight Sabbats for Witches.* (Página 46.)

Slater, *Pagan Rituals III.* (Páginas 69-70.)

Buckland, *The Tree.* (Páginas 54-56; aqui chamado de "Bolos e cerveja ale")

Buckland, *Buckland's Complete Book of Witchcraft.* (Página 63.)

Cunningham, *Wicca: A Guide for the Solitary Practitioner.* (Página 123; aqui chamado de "Banquete Simples".)

Handfastings (Atar das Mãos)

Buckland, *Buckland's Complete Book of Witchcraft*. (Páginas 97-99; inclui sabiamente Handparting também.)

Buckland, *The Tree*. (Páginas 78-81; Cerimônia "Handparting" pode ser encontrada nas páginas 82-84.)

Farrar and Farrar, *Eight Sabbats for Witches*. (Páginas 160-165.)

Celebrações de Nascimento

Farrar and Farrar, *Eight Sabbats for Witches*. (Páginas 153-159.)

Buckland, *Buckland's Complete Book of Witchcraft*. (Páginas 99-100.)

Buckland, *The Tree*. (Páginas 85-87)

Celebrações de Morte

Farrar and Farrar, *Eight Sabbats for Witches*. (Páginas 166-173; aqui chamado de requiém)

Buckland, *The Tree*. (Páginas 88-90; aqui chamado de "Cruzando a travessia a morte.")

Buckland, *Buckland's Complete Book of Witchcraft*. (Páginas 100-101; também chamado como dito acima.)

Autoiniciações

Valiente, *Witchcraft For Tomorrow*. (Páginas 159-164.)

Farrar and Farrar, *The Witches' Way*. (Páginas 244-250.)

Iniciações

Farrar and Farrar, *The Witches' Way*. (Páginas 9-20.)

Buckland, *Buckland's Complete Book of Witchcraft*. (Páginas 46-49.)

Eu listei as duas fontes acima porque elas estão entre os tipos de iniciação mais completos impressos, mas muitos outros livros wiccanos discutem iniciação e/ou fornecem roteiros de rituais. Tudo isso para uso do coven, é claro.

18

Crenças

"Crenças" não é a melhor palavra, mas as únicas outras que eu pude pensar foram "dogmas" e "conceitos", mas nenhum dele é satisfatório. Visto que a religião é geralmente concebida como sendo construída sobre crenças, essa palavra foi a que mais se adequou.

Crenças tradicionais gerais wiccanas

Além de crenças estritamente orientadas para a divindade, os wiccanos compartilham algumas outras, incluindo:

- A Deusa e o Deus são reverenciados. Isso é fundamental para o pensamento wiccano.
- As almas humanas desfrutam de uma série de encarnações na forma humana. A reencarnação é uma das crenças wiccanas mais difundidas. Precisamente como e por que encarnamos várias vezes está aberto à especulação mística. Poucas tradições wiccanas têm ensinamentos específicos sobre esta doutrina. Algumas simplesmente afirmam que reencarnamos e encontramos outras pessoas que conhecemos em vidas anteriores. Outras são mais ou menos específicas. Algumas tradições dizem que nunca trocamos os sexos de uma vida para outra, outras ainda afirmam que escolhemos o gênero apropriado para nossas lições evolutivas. Há pouca concordância.
- O poder pode ser enviado de forma não física para afetar o mundo de maneiras positivas. Assim, aceitamos tanto a prática da magia quanto sua eficácia.

- O que é feito será devolvido ao executor. Exatamente como essa energia é devolvida tem sido um assunto de grande especulação. Alguns wiccanos afirmam que a Deusa desempenha essa função; outros que é uma lei do universo, como a gravidade, e que nenhum ser está encarregado de ver que isso ocorre. É uma resposta automática, como um ricochete.
- A terra é nossa casa, nossa Deusa. Não é uma ferramenta que possamos abusar impiedosamente. As preocupações ecológicas são bastante novas na Wicca, mas agora desempenham um papel importante. Muitos rituais são realizados para dar força curativa à terra. O movimento ecológico teve um impacto tremendo na Wicca.
- Wiccanos não são evangélicos. Não precisamos sair e espalhar a palavra. Responder a perguntas sobre nossa religião é muito diferente de bater em portas e perguntar a estranhos: "Você já ouviu a palavra da Deusa hoje?" Essas práticas são certamente compreensíveis (embora irritantes) em religiões cujos membros acreditam que realmente encontraram o único caminho, mas estão absurdamente fora de contexto na Wicca.
- A Wicca aceita que toda religião é correta para seus adeptos. Isso não significa que gostemos de todos os representantes de todas as religiões, mas o ecumenismo deve ser um estilo de vida. Não devemos apenas tolerar uns aos outros, mas dialogar com representantes de outras religiões para aumentar seu conhecimento de nossos costumes.
- A Wicca aceita membros de ambos os sexos, de todas as raças, nacionalidades e, geralmente, de todas as orientações sexuais. Infelizmente, racismo e preconceito existem na Wicca: muitos covens simplesmente não permitem que não-caucasianos recebam treinamento e iniciação. Esse racismo é geralmente encoberto e raramente declarado abertamente, mas existe. Embora os wiccanos sejam humanos, e fomos ensinados desde o nascimento a gostar de certos grupos e a não gostar de outros, devemos superar esses conceitos idiotas e perceber que somos todos seres humanos.

Racismo e preconceito de qualquer tipo são anti-wiccano. Além disso, quem disse que a Deusa é caucasiana?

- Wicca é uma religião, não uma organização política. Grupos de wiccanos podem e às vezes trabalham em prol de uma causa comum, e wiccanos solitários podem de fato se envolver pessoalmente no sistema político, mas a Wicca como um todo não é uma religião que prega questões ou apoia candidatos políticos específicos. Algumas questões nas quais wiccanos individuais se envolveram incluem os direitos das mulheres; liberdade reprodutiva; conservação da terra; direito dos animais; legislação religiosa restritiva; e outras causas[6]. No entanto, a Wicca não é uma religião política. Alguns covens, de fato, proíbem a discussão de política antes, durante e depois do círculo.
- A Wicca não cobra por aulas particulares ou iniciação. Objetos físicos criados por wiccanos (pentáculos, facas, varinhas, incensos, óleos, livros) e serviços (como aulas públicas e aconselhamento baseado em wiccanos) podem e devem ser pagos, mas instrução ou iniciação pessoal, não. Em alguns grupos, os fundos do coven são mantidos para pagar os suprimentos rituais. Esta é a única exceção.

Praticamente todos os wiccanos concordam com a lista de crenças acima. Certamente, com a maioria das tradições, sim. É impossível descobrir precisamente como cada wiccano interpreta essas crenças, mas podemos ter certeza de que a maioria deles o faz de uma forma ou de outra.

Pode ser valioso para você fazer uma lista de suas crenças pessoais, não apenas as crenças em si, mas suas interpretações delas. Por exemplo, você pode escrever o seguinte:

---

6. Um bom resumo de um exemplo nacional de envolvimento individual wiccano na política pode ser encontrado no artigo sobre a Emenda Helms (que teria removido o status de isenção de impostos para feitiçaria religiosa e grupos neopagãos) em *The Encyclopedia of Witches and Witchcraft*, de Rosemary Guiley, página 156.

Reencarnação

- Encarnamos muitas vezes para aprendermos nossas lições.
- Podemos encarnar com pessoas que conhecemos em outras vidas.
- Os gatos também reencarnam.

O importante é trazer suas crenças para o papel. Isso as cristaliza. Firma-as. As crenças podem se tornar um tanto nebulosas. Esse exercício pode defini-las.

Suas interpretações das crenças gerais wiccanas podem e provavelmente mudarão à medida que você crescer em experiência e compreensão. Isso é natural. A lista que você fez pode ficar desatualizada. Não há problema algum nisso.

Wicca é uma religião que ensina crenças específicas e devemos estar totalmente familiarizados com elas se quisermos praticar esta religião. Pode levar algum tempo para você aceitar completamente algumas dessas crenças. Estude, pense, ore e experimente. As crenças wiccanas são o coração da Wicca.

19

Regras

PRATICAMENTE TODAS AS ORGANIZAÇÕES religiosas dão a seus adeptos um conjunto de diretrizes ou regras de conduta. Em tais leis, frequentemente encontramos a verdadeira natureza da fé, que pode ser difícil de determinar a partir do comportamento real da maioria de seus representantes. A Wicca possui não um, mas vários conjuntos dessas regras. O mais famoso deles, que foi publicado em várias formas diferentes, originou-se do que hoje é conhecido como Wicca Gardneriana[7]. Existem muitas outras versões e alguns covens criam seu próprio conjunto de leis para uso de seus membros.

Subjacente a todas essas regras wiccanas, está um conceito básico: *não prejudique ninguém*. As leis wiccanas tradicionais podem ser agrupadas em categorias específicas para estudo. Olhar para elas e ler alguns conjuntos de exemplos (incluídos no final deste capítulo) deve fornecer prontamente tudo o que você precisa para escrever ou adaptar um conjunto de leis para sua tradição. Aqui está uma análise básica das leis tradicionais wiccanas. A primeira seção detalha as leis especificamente relacionadas ao funcionamento do coven, que são de menor importância para wiccanos solitários. A segunda seção é dedicada às leis de grande uso potencial para o praticante solitário.

---

7. Para uma visão fascinante das possíveis origens dessas leis, consulte *Witchcraft for Tomorrow* por Doreen Valiente.

Leis tradicionais wiccanas – Orientação para Covens

Hierarquia Coven/ Organização de Coven

Normalmente lista os deveres da Suma Sacerdotisa e do Sumo Sacerdote. O tempo médio de permanência dos cargos também é frequentemente discutido. Muitos delineiam níveis iniciáticos e definem a natureza do conselho de anciãos (geralmente formado por aqueles que receberam maior elevação e que são chamados para orientação e conselho por membros do coven), ou outros grupos semelhantes dentro do grupo. Muitos também descrevem outros oficiais do coven.

Sigilo

Advertências tradicionais são dadas para que se mantenha segredo daquilo que é apenas para os olhos e ouvidos dos iniciados na mesma tradição. Algumas leis ameaçam o violador do juramento com retribuição divina caso os eles sejam quebrados. (Wiccanos solitários podem certamente criar uma tradição "secreta". Se você se preocupa em discutir sua religião e suas práticas religiosas com outras pessoas, esta deve ser uma decisão pessoal. Só você pode decidir precisamente o que revelar.)

Problemas nos Covens

Dita-se o método adequado de resolução de problemas. Alguns covens utilizam seu conselho de anciãos no processo de tomada de decisão ou para fornecer orientação àqueles com queixas. Na maioria das tradições, os wiccanos mais elevados são livres para deixar e formar seus próprios covens, se não puderem mais trabalhar com o seu atual. Muitas leis também dizem respeito à Sumas Sacerdotisas e Sumos Sacerdotes que infringem as leis ou que perdem o interesse no coven.

Contos e conselhos sobre perseguição

Essas leis supostamente antigas aceitam a confissão mediante tortura extrema, mas cuidadosamente permitem a negação de todas as informações fornecidas aos "magistrados". Elas também contêm a promessa de que as drogas chegarão àqueles que foram condenados como bruxos, para que suas mortes por execução sejam menos dolorosas. (Obviamente, isso não ajuda muito hoje.)

Presença em Rituais

Muitas tradições possuem leis sobre a participação em rituais. Existe grande liberdade quanto a isso, e nem todas as tradições seguem à risca. Na maioria, espera-se que wiccanos compareçam em todos os rituais, a menos que previamente dispensados pelo(s) líder(es) do coven. Em alguns conjuntos de regras, perder seis encontros consecutivos é motivo para banimento do coven, pelo fato de o wiccano estar mostrando pouco ou nenhum interesse. (Isso é de pouca importância para os solitários. No entanto, algumas palavras de encorajamento com relação à observância regular de nossos rituais seriam um toque agradável para incluir em seu conjunto de leis.)

Leis tradicionais de interesse para a adoração de Wiccanos Solitários

Adoração

Às vezes, costuma-se anotar horários e datas para observâncias de rituais. De maneira mais geral, as leis afirmam que a Deusa e o Deus merecem adoração e lembram os wiccanos de serem adoradores. (Isso faz sentido. Por que mais seríamos wiccanos? Essas palavras podem aparecer no início da lei.)

Derramamento de sangue

Muitas leis afirmam que sangue não deve ser derramado dentro do círculo; nenhum sacrifício ritual de animais pode ser feito. (Esta é uma tradição wiccana universal, esteja ou não explicitamente declarada nas leis.)

Evitando causar danos

O tema central e unificador da maioria das leis: os wiccanos simplesmente não causam danos aos outros. (Esta lei, de uma forma ou de outra, deve estar em seu conjunto.)

Uso da Magia

Geralmente afirma-se que a magia não deve ser trabalhada em troca de pagamento, pois pode levar à realização de rituais destrutivos. A magia também nunca deve ser usada para aumentar o orgulho de alguém ou causar danos de qualquer forma. No entanto, alguns conjuntos de leis permitem que os wiccanos usem "o poder" (ou seja, a magia) para "prevenir ou restringir" os outros de causarem danos (geralmente é conhecido como "amarração"). (Veja A Lei do Poder, abaixo.)

Conduta

Essas leis alertam os wiccanos a não se gabarem ou ameaçarem os outros e a tratar wiccanos e não wiccanos com bondade e compaixão. Além disso, algumas leis declaram que os wiccanos não devem usar drogas dentro ou fora do círculo, não devem fofocar sobre outros membros e ou interferir nos ensinamentos de outros wiccanos. (Nunca é demais incluir essas mensagens em suas leis. Embora você possa ser o único a ler esses lembretes sobre a importância da bondade, a mensagem pode, às vezes, ser necessária.)

Ensinamentos

Algumas leis declaram que todos os que expressam interesse na Wicca devem ser ensinados, a menos que comecem a usar mal suas instruções. Essas leis foram amplamente eliminadas ou reinterpretadas. Segui-las ao pé da letra hoje poderia fazer com que cada wiccano ensinasse cem ou mais alunos, o que resultaria em aulas ruins e, portanto, alunos mal instruídos. Essas leis simplesmente não são práticas no mundo de hoje, quando tantos clamam por ensinamentos.

Seguindo a Lei

Os wiccanos são lembrados de cumprir a lei e não permitir que ela seja violada. (Bom conselho, geralmente aparece perto do fim das leis.)

O Amor da Deusa e do Deus

Um lembrete gentil de que não estamos sozinhos. (Geralmente, é melhor começar e terminar a lei com confirmações de interesse divino.)

* * *

Depois de ler tudo isso, você pode estar pensando: "Por que preciso de uma lei se estou apenas fazendo meus rituais sozinho?" Uma pergunta justa, mesmo se deixarmos de lado as leis relativas aos covens. A resposta é simples: a maioria das leis apropriadas aos wiccanos solitários faz parte da tradição wiccana geral. Sem elas, ficamos sem orientação. Formá-las em frases definidas e incluí-las no Livro das Sombras de sua tradição garante que você possa estudá-las em momentos de lazer e consultá-las para orientação. É muito bom afirmar: "Eu não farei isso, e me lembrarei de fazer aquilo." Ter um conjunto de leis a respeito dessas coisas é um ótimo assistente de memória.

Leis Simples

Usando as leis acima, podemos criar as nossas próprias. A forma precisa e o método de apresentação dependem totalmente de você. Alguns conjuntos de leis são numerados, outros não. Alguns são escritos em dísticos rimados, mas a maioria é em prosa. Aqui estão três versões que escrevi. A primeiro é parcialmente baseada nas análises acima, a segunda é reimpressa de *Wicca: Um Guia Para o Praticante Solitário*, assim como a terceira, que lida exclusivamente com magia.

A Lei

- Somos dos Antigos Caminhos, entre aqueles que andam com a Deusa e o Deus e recebem seu amor.
- Faça os sabbats e os esbats sempre com o melhor de suas habilidades, pois fazer o contrário é diminuir suas conexões com a Deusa e o Deus.
- Não prejudique ninguém. Esta, a lei mais antiga, não está aberta a interpretação ou mudança.

- Não derrame sangue no ritual; a Deusa e o Deus não precisam de sangue para serem devidamente adorados.
- Aqueles em nosso caminho são gentis com todas as criaturas, pois pensamentos prejudiciais são muito exaustivos e não valem a perda de energia. A miséria é autocriada; assim também é a alegria, então crie alegria e despreze a miséria e a infelicidade. E isso está ao seu alcance. Portanto, não prejudique os outros.
- Ensine apenas o que você sabe, dando o melhor de si para esses alunos que você escolher, mas não ensine àqueles que usariam suas instruções para destruição ou controle. Além disso, ensine a não inflar o ego, lembre-se para sempre: aquele que ensina por vaidade ou glória terá pouco orgulho de sua obra; aquele que ensina por amor será envolvido nos braços da Deusa e do Deus.
- Lembre-se sempre de que, se quiser estar do nosso lado, guarde a lei em seu coração, pois é da natureza da Wicca guardar a lei.
- Se surgir a necessidade, qualquer lei pode ser alterada ou descartada, e novas leis podem ser escritas para substituí-las, desde não violem a lei mais antiga de todas: não prejudique ninguém.
- Que o Deus e a Deusa nos abençoem.

A Natureza do seu Caminho

- Sempre que possível, realize os rituais em florestas, à beira-mar, no topo de montanhas desertas ou perto de lagos tranquilos. Caso isso seja impossível, um jardim ou alguma câmara bastará, se for preparado defumação ou flores.
- Busque sabedoria em livros, manuscritos raros e poemas enigmáticos, se quiser, mas busque também em pedras simples, em ervas frágeis e nos gritos de pássaros selvagens. Ouça os sussurros do vento e o rugido da água se quiser descobrir a magia, pois é aqui que os antigos segredos são preservados.
- Livros contêm palavras, mas árvores contêm energia e sabedoria que livros jamais poderiam ter.
- Lembre-se sempre de que os antigos métodos estão constantemente se revelando. Portanto, seja como o salgueiro do rio

que se curva e balança com o vento. O que permanece imutável sobrevivera ao seu espírito, mas o que evolui e cresce brilhará por séculos.

- Não zombe dos rituais ou feitiços de outra pessoa, pois quem pode dizer se o seu é de fato maior em poder ou sabedoria?
- Assegure-se de que suas ações sejam honrosas, pois tudo o que você fizer retornará para você em triplo, seja isso bom ou perverso.
- Desconfie de alguém que tente dominá-lo, controlá-lo e manipulá-lo em seus rituais e devoção. A verdadeira reverência pela Deusa e pelo Deus ocorre dentro de nós. Olhe com suspeita para qualquer um que desvie a adoração de você para seu próprio ganho e glória, mas dê as boas-vindas às sacerdotisas e sacerdotes que estão cheios de amor.
- Honre todas as coisas vivas, pois somos o pássaro, o peixe, a abelha. Não destrua a vida, a não ser para preservar a sua.
- E esta é a natureza do nosso caminho.

A Lei do Poder

- O poder não deve ser usado para causar danos, ferir ou controlar outras pessoas. Mas, se houver necessidade, o poder deve ser usado para proteger sua vida ou a de outras pessoas.
- A energia é usada apenas conforme a necessidade dita.
- O poder pode ser usado para seu próprio ganho, contanto que, ao fazê-lo, você não prejudique ninguém.
- Não é aconselhável aceitar dinheiro para uso do poder, pois controla rapidamente quem o recebe. Não seja como aqueles de outras religiões.
- Não use o poder para ganhos mesquinhos, pois isso barateia os mistérios da Wicca e da magia.
- Lembre-se sempre de que o poder é o dom sagrado da Deusa e do Deus e nunca deve ser mal utilizado ou abusado.
- E esta é a lei do poder.

A maioria das leis do Ofício são secretas e não podem ser publicadas de maneira alguma. No entanto, os exemplos acima incluídos neste capítulo e na leitura sugerida devem fornecer informações suficientes para criar suas próprias leis.

Que você faça isso com sabedoria e amor.

Sugestão de Leitura

Leis Publicadas

Poucos conjuntos de leis wiccanas foram publicadas. Mesmo a maioria dos guias wiccano padrões não incluem leis. No entanto, alguns livros têm discussões e/ou textos com leis completas. Aqui estão a maioria deles. O estudo dessas leis em conjunto com este capítulo ajudará muito na sua criação. (Para obter informações adicionais sobre a publicação desses livros, consulte a bibliografia.)

Kelly, Aidan A., Crafting the Art of Magic, Book 1. (Contém uma versão das leis Gardnerianas nas páginas 145-161. Também inclui intrigantes "Regras propostas para o Ofício" nas páginas 103-105.

Veja também *The Rebirth of Witchcraft*, de Doreen Valiente, páginas 69-71 para informações básicas sobre as regras propostas bem como as leis Gardnerianas.

Toda a história interna sobre o mais famoso conjunto de leis wiccano é bastante fascinante. Informações adicionais sobre essas leis sem o texto em si podem ser encontradas nas páginas 303-304 de Janet e Stewart Farrar *The Witches' Way*.

Johns, June, *King of the Witches*. (Contém outra versão das Leis Gardnerianas no Apêndice A, onde são rotuladas erroneamente como "O Livro de Sombras.")

Slater, Herman (editor), *Pagan Rituals III, Outer Court Book of Shadows*. (Originalmente escrito pelo falecido Ed Buczynski para estudantes de sua tradição galesa, este livro contém uma seção bastante contundente intitulada "As Leis" nas páginas 113-115. Embora curto, é um bom guia para as leis secretas (não-Gardnerianas) de uma tradição, embora muitas sejam muito mais gentis. Lembre-se de que foi escrito para alunos, não para wiccanos experientes.)

Vários outros conjuntos de leis wiccanas foram publicados em antigos periódicos pagãos, principalmente no formato anterior de *Green Egg*. As edições que contêm essas leis estão esgotadas e são, portanto, avidamente procuradas por colecionadores. (Algumas dessas leis, aliás, foram adicionadas aos Livros das Sombras tradicionais sem nenhuma indicação de sua origem.)

20

Símbolos Wiccanos

Os SÍMBOLOS SÃO uma parte importante de muitas tradições wiccanas. Eles são usados como abreviações mágicas no Livro das Sombras, como uma representação gráfica da Wicca ou de uma tradição wiccana específica (em correspondências, talvez), e para capacitar (empoderar) ferramentas e joias mágicas.

Os primeiros símbolos rituais usados na Wicca originaram-se em grande parte da magia cerimonial (particularmente aqueles encontrados em *A Chave de Salomão*. Veja a bibliografia) e alquimia. Seu número logo aumentou e se tornou mais especificamente wiccano, como símbolos para níveis de iniciação, o círculo, a Deusa e o Deus. As tradições compartilhavam símbolos entre seus adeptos, que logo começaram a ser publicados, ampliando ainda mais seu uso.

Sua tradição provavelmente deve utilizar alguns símbolos. Os símbolos (que são, de certa forma, um alfabeto compacto) desencadeiam respostas psicológicas poderosas, se o observador estiver ciente de seus significados, porque eles falam com a mente subconsciente.

Você pode criar seus próprios símbolos ou escolher um das listas fornecidas abaixo. Apenas um aviso: nunca use um símbolo desconhecido. Se você não sabe o significado de um símbolo, é melhor não utilizá-lo de forma alguma. Aqui estão alguns tipos específicos de símbolos:

Símbolos da nossa religião

O mais famoso deles é o pentagrama, uma estrela de cinco pontas entrelaçada. Com uma ponta para cima, representa a Wicca. A conexão do pentagrama com nossa religião parece ser bastante moderna (embora o próprio símbolo esteja em uso desde pelo menos 2.400 A.E.C., quando apareceu em uma cerâmica no Oriente Médio). Outros símbolos incluem pequenas representações (geralmente em forma de joias) de deusas, particularmente as chamadas estatuetas de Vênus, como a famosa Vênus de Willendorf. (Um símbolo recente da Wicca era um botão verde simples, sem letras ou sinais, que era usado pelos wiccanos em locais públicos para que eles pudessem se cumprimentar. A prática, até onde eu sei, desapareceu em âmbito nacional.)

Símbolos de tradição

Muitas tradições wiccanas usam um símbolo específico. Embora possa ter qualquer design, a maioria inclui uma ou mais das seguintes partes, que podem ser organizadas de várias maneiras incomuns e marcantes:

Pentagrama

Ankh

Lua Crescente

Chifres

Estrela de Oito Pontas

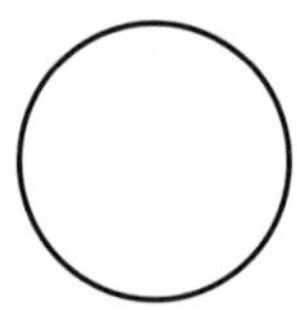

Círculo

Símbolos Yônicos
particularmente popular
com alguns wiccanos feministas

Como pode ser visto nas ilustrações, existem muitas combinações possíveis desses elementos.

Esse símbolo não precisa ser criado para a sua tradição. No entanto, se você projetar um, ele poderá ser copiado para o Livro das Sombras, costurado em mantos, pintado em ferramentas ou ser usado de outra forma em rituais.

Livro das Sombras, Símbolos e Taquigrafia

A seguir estão alguns símbolos usados em várias tradições wiccanas, com algumas variações e um toque pessoal meu. Uma vez que você se sinta confortável com eles, use-os para rituais ou escreva-os no Livro das Sombras. Por exemplo, é muito mais fácil escrever "Lançar O" do que "Lançar o círculo mágico".

Aqui estão alguns símbolos tradicionais (e novos):

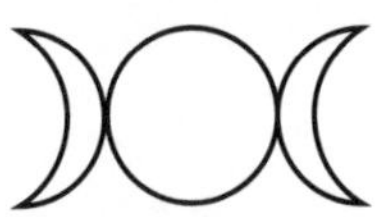

Deusa

Deus

Círculo mágico

Posição da Deusa
(postura às vezes em rituais wiccanos em que o wiccano permance com as pernas abertas e mantém os braços no alto para as laterais representando a Deusa)

Posição do Deus
(postura às vezes em rituais wiccanos em que o wiccano permance com as pernas rígidas ao solo e os braços cruzados na frente do peito, geralmente com o braço direito por cima da esquerdo, para representar o Deus).

Fêmea

Macho

Vassoura

Varinha

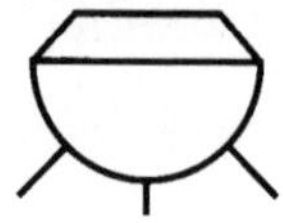

Caldeirão

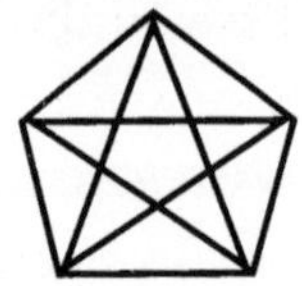

Pentáculo

Athame

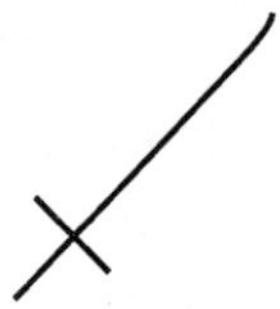

Espada

Cordão

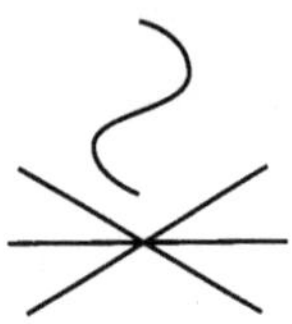

Balefire

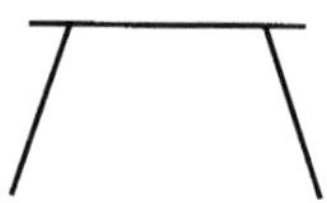

Altar

Taça

Bolos e Vinho

Deosil

WIddershins

Donzela

Mãe

Anciã

Terra

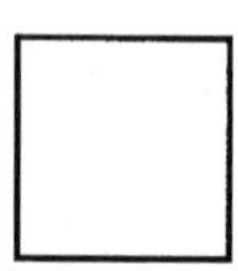

Terra

Terra

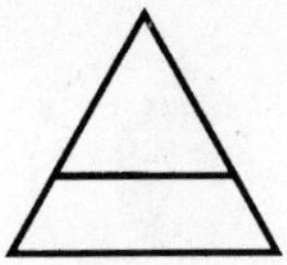
Air

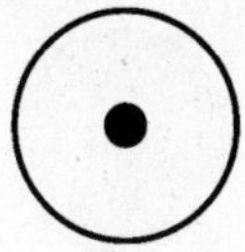
Air

Air

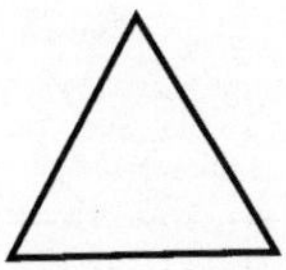
Fogo

Fogo

Fogo

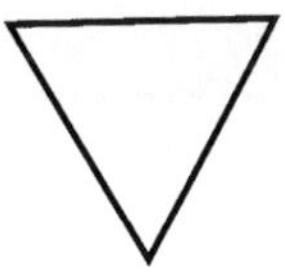
Água

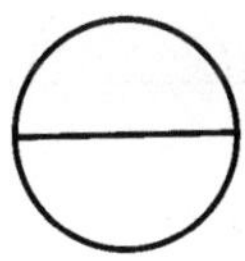
Água

Água

Sol

Lua

Terra

Mercúrio

Vênus

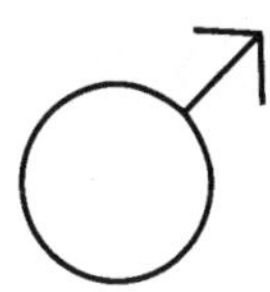
Marte

Júpiter

Saturno

Urano

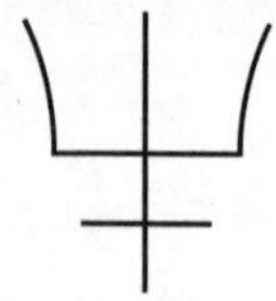
Netuno

Lua nova

Lua crescente

Lua cheia

Lua minguante

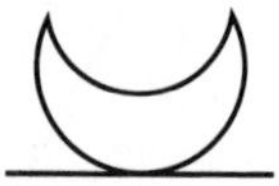
Nascer da lua

Por da lua

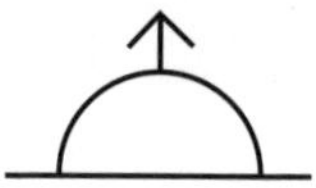
Nascer do sol

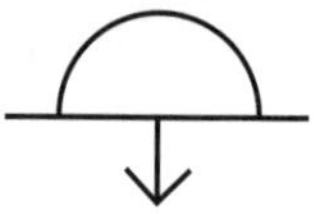
Por do sol

Renascimento

Purificação

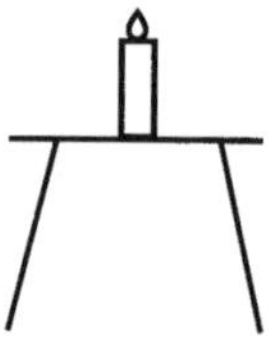
Feitiço

Banimento

Bênção

Espiritualidade

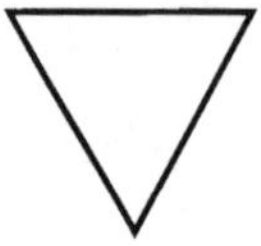
Espiritualidade

Paz

Proteção

Proteção

Cura e saúde

Coragem

Energia Mágica

Força mágica e física

Beleza

Amor

Amor

Casamento

Amizade

Amor

Consciência Psíquica

Consciência Psíquica

Mente Consciente

Dinheiro

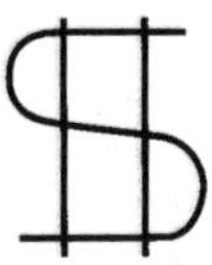

Dinheiro

Chuva

Tempestade

Sexo

Fertidade

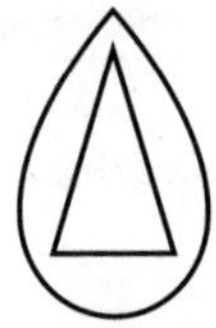

Óleo essencial

Planta

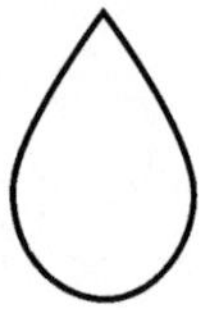

Água

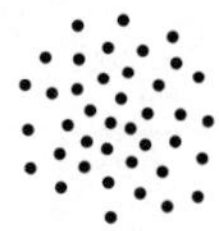

Sal

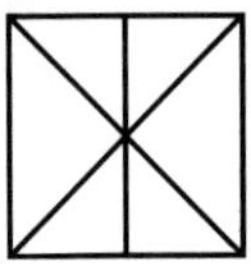

Símbolo bruxo
(usado para marcar ferramentas, lugares onde rituais serão feitos, altares. Este é o numeral romano equivalente ao número 13, estilizado)

Vela

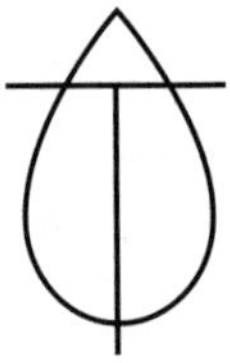

Vinho

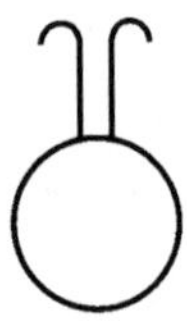

Primavera

Verão

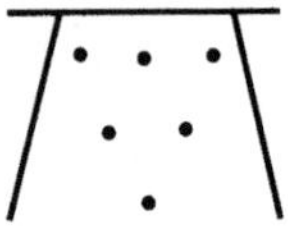

Inverno

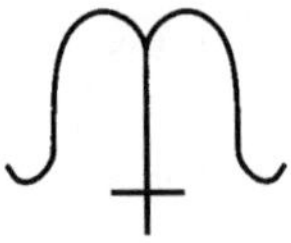

Outono

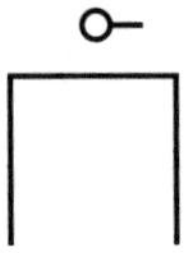

Leste

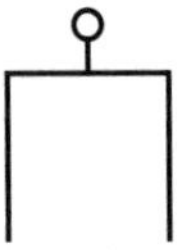

Sul

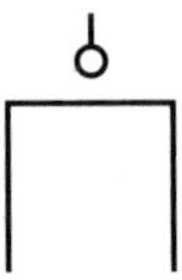

Norte

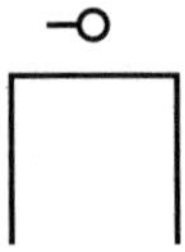

Oeste

Use os símbolos acima para criar seus próprios rituais. Você pode adaptar seus feitiços às suas necessidades específicas. A seguir estão alguns dos meus. Consulte o capítulo 19 do livro *Earth, Air, Fire & Water* (Llewellyn Publications) para obter mais informações sobre como criar seus próprios rituais.

Para causar sono

Para ter sonhos Psíquicos

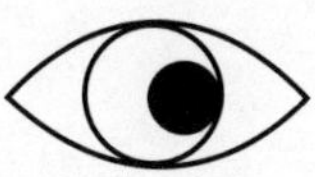

Para lembrar sonhos

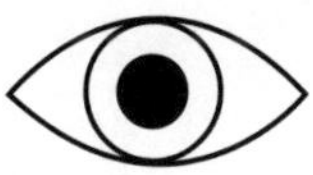

Para evitar a sonolência

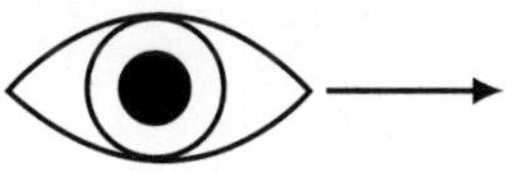

Para estudar

Para acabar com o ciúme

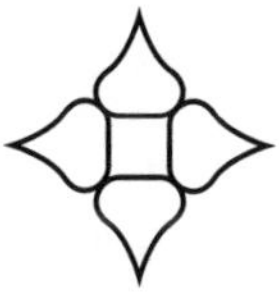

Para liberar a culpa

Para reduzir o estresse

Para parar de fumar

Para perder peso

Para ter sucesso nos negócios

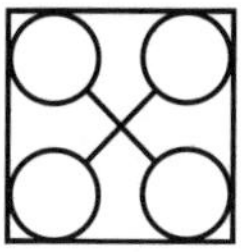

Para se destacar em entrevistas

Para conseguir emprego

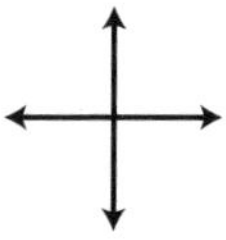

Para viajar

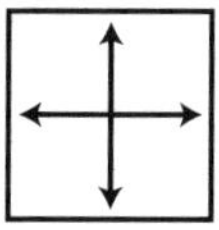

Para ter proteção em viagens

Para proteger uma criança

Para proteger 2 crianças

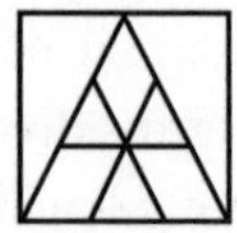

Para proteger 3 crianças

Para fortalecer o casamento

Simbolos wiccanos pessoais

Muitos wiccanos colocam um símbolo especial ao lado de sua assinatura como um sinal de sua religião e também, às vezes, por razões de proteção. Em algumas tradições, o símbolo significa o grau iniciático que se atingiu.

Normalmente coloco um pentagrama perto da minha assinatura. Você pode usar isso ou criar seu próprio símbolo. Pode estar conectado com a Deusa ou Deus; pode ser algo inteiramente pessoal e único. Use sua imaginação e criatividade.

Alfabetos Rúnicos

Alguns wiccanos escrevem seus rituais em runas. Muitos não o fazem, pois é preciso uma familiaridade completa antes que possam ser lidas à vontade, e poucas pessoas hoje estão dispostas a aprender um novo alfabeto. Ainda assim, a maioria das tradições wiccanas incluem um alfabeto rúnico em seu Livro das Sombras. Por quê? As runas podem ser usadas em ritos mágicos específicos por seu simbolismo e poder inerente. Além disso, as runas são frequentemente pintadas ou gravadas em ferramentas para aumentar sua eficácia. E, também, tradicionalmente wiccanos usam runas de uma forma ou de outra.

Muitos alfabetos rúnicos foram publicados. (Em certo momento da história, embora ainda fossem considerados secretos, alfabetos rúnicos inteiros podiam ser encontrados em muitos dicionários.) Hoje, a ampla variedade de livros disponíveis sobre o assunto nos permite escolher o sistema mais adequado aos nossos propósitos. Há tanta discordância sobre a forma ideial dos alfabetos rúnicos (sem falar em seus significados) que não os acrescentarei aqui. Eu sugiro, se você estiver interessado, ler os livros listados abaixo.

Sugestão de Leitura

Para obter informações adicionais sobre a publicação desses livros, consulte a bibliografia.

Howard, Michael, *The Magic of Runes.*

Koch, Rudolf, *The Book of Signs.*

Tyson, Donald, *Rune Magic.*

21

O Livro das Sombras

A MAIORIA DAS TRADIÇÕES WICCANAS valoriza o Livro das Sombras. Esses livros raramente são publicados ou mesmo mostrados aos não iniciados. Neles, crenças e cultos específicos da tradição são detalhados.

Embora o conteúdo e a organização desses rituais variem, a maioria dos Livros das Sombras inclui instruções para lançar e banir o círculo, rituais religiosos, consagração de ferramentas, leis, notas organizacionais do coven, ritos mágicos, orações, e, às vezes, tradição de ervas. Alguns contêm listas do panteão tradicional, exercícios de treinamento para novos alunos e, finalmente, cerimônias de iniciação.

Esses livros são de vital importância para o estabelecimento e a manutenção de todas as tradições wiccanas, pois, sem eles, ritos específicos tradicionais e outras tradições devem ser cuidadosamente memorizados e transmitidos oralmente. Mas isso sempre deixa margem para erros, interpretações errôneas e até mesmo perda de material.

Não entenda mal: nenhuma tradição wiccana que eu conheça registrou minuciosamente cada informação adquirida. Muita coisa é transmitida verbalmente de professor para aluno. Ainda assim, um Livro das Sombras tradicional fornece um guia imutável e um gatilho de memória para o praticante.

Hoje em dia, ainda existem muitos Livros das Sombras. Alguns são usados por centenas ou milhares de wiccanos. Outros são criados por wiccanos solitários e nunca são revelados. Este capítulo é um guia para escrever seu próprio Livro das Sombras. De certa forma, ele é o culminar da Parte III, pois é neste livro que você registrará sua nova tradição.

O livro em si pode ser de qualquer tipo. Livros de capa dura em branco estão amplamente disponíveis hoje e certamente podem ser usados, mas apenas se você tiver certeza de que sua tradição parou de evoluir. (É difícil fazer alterações em um livro de capa dura.) Se você tiver qualquer dúvida, um caderno de folhas soltas pode ser a solução, pois ele permite que você adicione ou exclua novos materiais se e quando necessário.

Muitos Livros das Sombras tradicionais começam com rituais de iniciação e contêm outras informações que não são diretamente aplicáveis a wiccanos solitários. Se deixarmos de lado essas seções, podemos ver o esboço geral de um típico Livro das Sombras, que pode ser usado quando for criar a sua versão.

O processo é simples: preencha os espaços em branco com todos os rituais, regras e outras informações que você determinou fazerem parte de sua tradição. Adicione seus próprios toques, um pouco de poesia aqui, talvez uma seção de canções ou cânticos ali. A maioria dos Livros de Sombras solitários são criações altamente pessoais.

- *Folha de rosto*. Pode ter o título "Livro das Sombras", " O Livro das Sombras" ou algo mais específico da sua tradição, como "Livro das Sombras da Tradição da Lua Noturna" (se você tiver inventado um nome para ele). Como alternativa, a folha de rosto pode conter apenas um pentagrama, seu nome em runas ou outros símbolos. Também pode estar em branco.
- *Leis*. Elas também podem ser chamadas de "regras", "códigos" ou "códigos de conduta".
- *Invocações da Deusa e do Deus* podem aparecer depois ou antes das leis. Geralmente, uma ou duas invocações aparecem no início do livro para "abençoá-lo".
- *Um diagrama de altar*.
- *Instruções de lançamento e banimento de círculos*. Seja o mais específico possível.
- *Rituais:* sabbats, rito da lua cheia, consagrações de ferramentas, bolos e vinho.

- *Orações, cânticos e invocações* (para usar como achar melhor).
- *Ferramentas do Ofício*. (Isso pode ser colocado em outros locais. Em algumas tradições, essas informações fazem parte dos ritos de iniciação.)
- *Ritual de auto-iniciação*. E, se desejar, um ritual de iniciação do coven. Todos os outros rituais de todos os tipos.
- *Rituais e informações mágicas*, incluindo conhecimento de ervas e receitas, bem como feitiços especificamente wiccanos (ou seja, aqueles que envolvem diretamente a Deusa e o Deus). Além disso, símbolos e sinais usados em taquigrafia mágica (no Livro das Sombras), bem como para fins mágicos. Runas.

Este esboço pode ser alterado a seu gosto.

É necessário escrever seu Livro das Sombras à mão? Wiccanos tradicionais podem responder que sim, mas hoje muitos são digitados ou armazenados em disco e fotocopiados. Ainda assim, não há dúvida de que escrever cada palavra à mão aumenta a eficácia do Livro das Sombras, pois uma parte da sua energia existe fisicamente nas palavras e no próprio livro.

Embora usar um computador para criar seu Livro das Sombras possa parecer bastante conveniente, nada é mais evocativo do que recorrer a um livro escrito à mão durante o ritual. É parte do legado romântico da Wicca, e algo do qual não deveríamos nos abter. (Devo admitir, entretanto, devido à experiência pessoal recente, que uma cópia datilografada de tudo que foi escrito à mão pode ser útil. Em outras palavras, o Livro das Sombras em ambas as formas pode muito bem ser o ideal.)

Sugestão de Leitura

Muitos supostos Livros das Sombras foram impressos em formatos variados. Eles estão em versões mais ou menos completas e muitos foram altamente alterados para publicação por seus apresentadores. Aqui estão alguns deles, com notas sobre cada um. (Para obter informações adicionais sobre a publicação desses livros, consulte a bibliografia):

Valiente, "*The Liber Umbrarum*" em *Witchcraft For Tomorrow*. (Escrito especificamente para o wiccano solitário, este trabalho infelizmente carece de rituais de sabbat.)

Buckland, *The tree*. (Uma nova tradição wiccana baseada em uma estrutura cultural saxônica, mas totalmente voltado para a Wicca.)

Farrar e Farrar, *The Witches 'Way*. (Pedaços e partes do Livro das Sombras Gardneriano e rituais; nada completo. Os capítulos IV e V são de especial interesse.)

Slater (editor), *A Book of Pagan Rituals*. (Materiais públicos sobre paganismo, não exatamente wiccano.)

Slater (editor), *Pagan Rituals III*: Outer Court Training Coven. (A segunda metade deste trabalho, "Livro dos Mistérios", é um Livro das Sombras baseado em coven bastante completo, escrito para estudantes de uma tradição galesa.)

Weinstein, *Earth Magic*: A Dianic Book of Shadows. (Talvez a mais singular dessas obras. Um guia incomum para alguns aspectos do funcionamento religioso wiccano. Nenhum ritual de sabbat foi incluído.)

Starhawk, *The Spiral Dance*. (Um Livro das Sombras está espalhado por todo este livro.)

Ler apenas três ou quatro desses Livros das Sombras publicados pode causar alguma confusão, mas você rapidamente entenderá o conceito da grande variedade da Wicca. Lembre-se: só porque um Livro das Sombras diz que os wiccanos fazem isso ou aquilo, não há razão para você fazer isso também. Se você deseja criar sua própria tradição wiccana, ela deve possuir um Livro das Sombras. Embora possa (e provavelmente irá) evoluir com o tempo, seu Livro das Sombras permanecerá como um símbolo de seu envolvimento pessoal com nossa religião; como uma reafirmação de sua "wiccanidade".

22

Ensinamentos (Ampliando o Círculo)

Você já sabe mais sobre a Wicca do que muita gente. Você pode não ser um especialista e provavelmente ainda tem muitas dúvidas, mas outras pessoas que nunca leram um livro ou realizaram um ritual wiccano têm ainda mais questionamentos. Conforme pratica, lê e reflete sobre suas atividades wiccanas, seu conhecimento e experiência crescem. Se você mencionar sua religião para outras pessoas, é provável que, eventualmente, alguém lhe peça para ensiná-lo porque, afinal, você é um especialista.

Isso pode não acontecer, mas, se acontecer, você tem uma decisão importante pela frente: ensinar ou não ensinar. Responder às perguntas abaixo pode ajudá-lo a tomar essa decisão.

Tenho o conhecimento e a experiência necessários?

Em outras palavras, você é proficiente nas habilidades básicas de rituais wiccanos, está familiarizado com as ferramentas, tem um bom conhecimento dos sabbats, desfruta de um relacionamento profundo com a Deusa e o Deus? Mesmo que você não seja um especialista em Wicca orientada por um coven, você é um especialista na sua própria Wicca?

Tenho habilidades para ensinar outras pessoas?

Você consegue explicar teorias complexas em linguagem simples? Tem habilidade para realmente demonstrar as técnicas wiccanas para um aluno? Você não precisa ter quadro-negro e régua para ser professor. Existem muitas formas de ensino. A melhor delas, ao ensinar Wicca solitária, é a mistura de conversa honesta e demonstração de ritual (nada pesado).

Eu tenho paciência ilimitada?

Você pode repetir uma resposta a uma pergunta muitas vezes? Você se frustra facilmente, especialmente com outros humanos? Você acredita que existem "perguntas idiotas"? Você se importa em receber uma ligação às 2 da manhã?

Eu sei como escolher um aluno?

Esta é uma importante questão. Os alunos em potencial podem ser qualquer tipo de humano. Se alguém estudar por alguns meses e nunca mais ligar, você não perdeu muito tempo e pode realmente ter causado um impacto positivo na vida dessa pessoa. Se você ensinar alguém que é incapaz de aceitar "não prejudicar ninguém" e continuar a utilizar as técnicas mágicas de maneiras prejudiciais, pode ser que você se sinta culpado pela escolha dele. Se você ensinar um homem ou mulher simplesmente porque está envolvido com ela ou ele, pode ser que você perca seu foco. Amigos são outra proposta duvidosa, pois uma amizade não garante um aluno exemplar.

Eu realmente quero ensinar?

Você está satisfeito com a ideia de revelar um aspecto muito pessoal de sua vida a outras pessoas? Você deseja assumir a responsabilidade de ensinar?

Se sim, por quê?

Quais são suas verdadeiras motivações? Glória? Adoração de seu aluno? Inflar seu ego? Ou a necessidade de ajudar outros humanos em seu desenvolvimento espiritual e felicidade? Você tem um desejo inconsciente de "espalhar a palavra" da Wicca (um tabu) ou simplesmente deseja satisfazer uma necessidade que se manifestou?

Quanto tempo estou disposto a investir nas aulas?

Mesmo se você tiver apenas um aluno, pode ser que você queira preparar notas para as próximas aulas. Leia sobre diferentes aspectos para que você esteja sempre atualizado. Encontre maneiras de comunicar assuntos wiccanos difíceis de uma forma que sejam compreensíveis para o seu aluno. Separe um tempo para aulas e/ou rituais e outros projetos demorados. O número de aulas que você ministra depende de você, uma vez por semana parece ser o certo.

Quanto meu aluno pode gastar?

Embora não haja taxa para aulas particulares wiccanas, há suprimentos que precisam ser comprados: ferramentas, livros, velas, incenso. Se o orçamento do seu aluno for apertado, você está disposto a emprestar livros e ferramentas para ele ou comprar suprimentos duplicados para usarem em aula? (Aviso: a maioria dos livros wiccanos emprestados nunca são devolvidos.)

Suas respostas a essas perguntas podem ajudá-lo a tomar uma decisão. Se você decidir que simplesmente não está pronto ou não quer começar a ensinar, explique isso para a pessoa que pediu sua instrução.

Se você decidir ensinar outras pessoas, é hora de começar a planejar suas aulas. O formato dessas aulas, bem como sua duração e frequência, estão inteiramente em suas mãos. Aulas em um dia específico da semana (ou mês) são uma boa ideia, pois ajudam o aluno a se lembrar da data. Geralmente, é melhor ensinar em sua própria casa. Dessa forma, quando surgir uma dúvida, você poderá mostrar ao aluno exatamente do que está falando (em um livro, com uma ilustração ou usando uma ferramenta que você pode não ter com você na casa do aluno).

As aulas são melhor ministradas no privado, embora não necessariamente em segredo. Tentar explicar a formação de um círculo enquanto três crianças pequenas correm sob seus pés, ligam a televisão e deixam os cães e os gatos na sala resultará em uma lição perdida. Certifique-se de que você e seu aluno estarão sozinhos.

Aqui estão mais algumas diretrizes sugeridas para o ensino:

Ensine o que você sabe.

Isso pode parecer óbvio, mas muitas pessoas tentam transmitir um conhecimento que mal apreenderam. Se você não é especialista em certos assuntos, não finja ensiná-los. Se esses tópicos surgirem na aula, faça uma breve explicação e continue, não os torne o foco da classe. Ensine com honestidade. Quando você não souber a resposta para uma pergunta, simplesmente diga, e talvez você e seu aluno possam descobrir a resposta juntos.

Não deixe o ensino governar sua vida.

Isso pode ser algo importante e gratificante, mas não deve se tornar o único propósito de sua existência.

Ensine com humor.

Esqueça o método pelo qual você pode ter aprendido religião em sua infância. A Wicca está longe de ser severa e proibitiva. Ela envolve alegria, amor e prazer, e suas aulas devem refletir a natureza do nosso jeito. Se você não é um comediante de stand-up, pelo menos ensine Wicca de uma forma despreocupada. Sem avisos solenes ou palestras severas.

Ensine com humildade.

A pomposidade pode impressionar temporariamente o estudante, mas afirmações extravagantes sobre seu poder e sabedoria podem ser rapidamente refutadas, mesmo pelos alunos mais novos. Além disso, não faça sua versão da Wicca parecer esculpida em pedra. Lembre a seu aluno que esta é simplesmente a forma como você faz as coisas e que existem muitas outras maneiras. Não avise constantemente o aluno sobre os "perigos" que podem acontecer a ele caso uma palavra seja omitida no ritual. Esses ensinamentos supersticiosos não têm lugar na Wicca.

Não ensine a história antiga da Wicca a menos que tenha certeza de que ela realmente existe.

A maioria dos livros sobre este assunto não é confiável, mesmo aqueles escritos por wiccanos. Se desejar, ensine a história moderna da Wicca, começando com Gerald Gardner. Podemos pelo menos ter certeza dos últimos quarenta anos ou mais.

Ensine com bom senso.

Não faça seu aluno se sentir sobrecarregado de início. Comece aos poucos e aumente gradativamente a complexidade de suas aulas. Pergunte a seus alunos se eles entenderam pontos particularmente importantes e certifique-se antes de prosseguir para tópicos mais desafiadores. (Você sempre pode testá-los.)

Não pense nessas aulas como algo a ser suportado.

Não continue a ensinar uma pessoa que demonstra pouco interesse no assunto, ou que insinua estar praticando magia destrutiva. Não ensine magia popular (veja o glossário) como Wicca. Todos nós sabemos que a Wicca não consiste em feitiços e velas mágicas. Mantenha essas práticas claramente não religiosas e não-wiccanas limitadas para separar as aulas caso decida ensiná-los.

Não ensine visando obter controle sobre os outros.

Este pode parecer outro aviso óbvio, mas alguns realmente sentem a necessidade de dominar outras pessoas. Visto que a religião tem sido uma força dominante nas culturas ao longo da história, alguns começam a ensinar Wicca a fim de se tornarem uma figura de autoridade. Isso, junto com o ganho financeiro, são duas das piores razões para se ensinar.

Ensine com amor.

Você pode não amar seu aluno, mas certamente deve amar sua religião. Deixe seus sentimentos pela Wicca aparecerem em suas aulas, mas tome cuidado para não se tornar um fanático proselitista na frente de seus alunos. Equilíbrio é recomendado. Nunca se esqueça de que você tomou essa decisão de ensinar. Ninguém pode realmente forçá-lo a fazer nada. Você ampliou seu círculo e convidou outra pessoa para se juntar a ele. Comemore esse fato.

Algumas situações complicadas podem surgir durante o ensino, mas todas podem ser resolvidas. Depois de algum treinamento, ou mesmo antes, seu aluno pode começar a sugerir uma iniciação. Essa sugestão pode se tornar mais direta e aberta com o passar do tempo.

Nunca deixe esses pedidos passarem sem comentários. Nunca dê aos alunos falsas esperanças. Se você não deseja realizar um ritual de iniciação em outro ser humano, diga isso ao seu aluno no primeiro dia de aula.

Sugira auto-iniciação e, se desejar, descreva seu próprio rito. Deixe isso bem claro. Alguns alunos ainda terão uma vaga esperança, mas pelo menos você fez suas imposições desde o início. Se você não se importar em iniciar outras pessoas, mas ainda não souber se o aluno está pronto, diga que ele terá que passar em um teste após concluir a instrução antes mesmo que a possibilidade surja. E se você já tiver certeza da sinceridade do aluno, simplesmente diga: "Quando chegar a hora certa". (Essas cerimônias de iniciação não são necessariamente o culminar dos ensinamentos wiccanos privados. Na verdade, são bastante raras. Ainda assim, todo aluno deseja uma iniciação. Como professor, você terá que lidar com isso.)

Outra situação pode surgir. Você provavelmente demonstrará alguns rituais para seu aluno. E, eventualmente, seu aluno fará um ritual com você. Isso pode levar à falsa ideia de que você formou um coven. Mais uma vez, explique desde o início que você não está formando um coven, que não está procurando por outros membros, e os rituais durarão apenas o tempo das aulas. (Os alunos que aceitaram completamente a organização do coven na Wicca geralmente relutam em abondonar tal ideia. Você perceberá isso em suas atitudes.)

Há muito mais a ser dito sobre o ensino, mas você irá descobrir à medida que avança. Já que somos wiccanos solitários, certamente não é necessário ensinar os outros. No entanto, pode ser uma atividade especialmente gratificante em muitos níveis.

Ampliar o círculo é tanto um compromisso com sua religião quanto uma celebração de sua fé. É também uma experiência de aprendizado sem fim. Como eu sempre disse, se você quer aprender algo, ensine.

23

Vivendo a Wicca

Dei este título ao livro por dois motivos. Primeiro, a Wicca está realmente viva. Ela prosperou e cresceu tanto em popularidade quanto em estatura. A conscientização pública, e talvez até um pouco mais de compreensão, também estão crescendo (a tendência contra o uso popular dos termos "Bruxaria" e "Bruxa" tem ajudado muito neste processo).

O título deste livro também se refere a seus praticantes. Nós nos esforçamos para viver vidas wiccanas, assim como membros de outras religiões tentam encaixar suas crenças religiosas em suas existências. Naturalmente, nenhum de nós é um "superwiccano", todos temos que fazer escolhas difíceis conforme o mundo exterior se intromete em nossas vidas. Algumas dessas escolhas podem ir contra os ensinamentos wiccanos. Ainda assim, tentar viver uma vida como wiccano certamente vale o esforço. Isso também é um lembrete de que a prática wiccana não é limitada a velas, athames e caldeirões.

Quando tomamos uma decisão consciente de trazer nossa espiritualidade para nossa vida cotidiana, toda a nossa existência se ilumina consideravelmente. Afinal, a Wicca consiste na reverência pelas fontes de tudo o que existe. Eu, por exemplo, não acredito que os ensinamentos da Deusa e do Deus sejam relevantes apenas nos sabbats e esbats. Não precisamos mudar nossas vidas inteiras para viver dentro da estrutura da Wicca. Não temos que abandonar nossas famílias e nos mudar para o Tibete, ou passar o dia todo, todos os dias, em rituais. Geralmente, as maiores mudanças que precisam ser feitas são mentais, não físicas. Uma perspectiva verdadeiramente positiva governada por "não prejudique ninguém" é um excelente primeiro passo para a vida wiccana. Mas também pode ser bastante desafiadora (especialmente ao dirigir no trânsito na hora do rush ou competir por uma vaga no estacionamento).

Não existem falhas. Quando ficamos com raiva, devemos lembrar que as divindades têm essas emoções dentro delas também (embora não percamos tempo invocando esses aspectos divinos em particular). Se um lapso temporário de consciência nos fizer jogar lixo no chão, não precisamos pedir perdão a ninguém, a não ser a nós mesmos, enquanto nos curvamos para pegar aquele papel de bala.

Há duas coisas para se lembrar ao tentar viver uma vida wiccana: não há nada que possamos fazer, mitologicamente falando, que divindades já não tenham feito (eles não podem ser surpreendidos.) A Deusa e o Deus sabem tudo. Nada está além de sua compreensão.

Em segundo lugar, não estamos aqui neste planeta para pedir perdão às nossas divindades. Isso seria semelhante a pedir desculpas ao nosso estilista ou barbeiro porque nosso cabelo continua crescendo. A terra é uma sala de aula. Nós somos os alunos. Carma, vida, nós mesmos, os outros e a Deusa e o Deus são os professores, e nem sempre podemos saber as respostas. Erros são uma parte da vida humana. Peça desculpas o quanto quiser, se quiser, mas aprenda com seus erros e, se possível ou necessário, corrija-os. Perdoe-se e siga em frente.

Depois de aprender o básico sobre as crenças e práticas wiccanas, viver nossa religião é, logicamente, o próximo passo. Como permitimos que isso afete nossas vidas depende totalmente de nós. Escrevi este livro como um guia não apenas para a prática do wiccano, mas também para a vida dele. Ainda assim, seu conteúdo são apenas ideias e sugestões. Cada um de nós deve encontrar o caminho perfeito. Que a Deusa e o Deus o ajudem nessa busca.

Bendito seja.

Glossário

Este é um glossário e uma revisão das técnicas e crenças rituais wiccanas em geral. Tentei criá-lo de forma universal e o menos sectário possível. Muitas tradições wiccanas têm conceitos específicos sobre alguns destes termos e irão certamente discordar de mim, o que é bom.

A.E.C.: Antes da Era Comum, equivalente não religioso de A.C.

Adivinhação: arte mágica de descobrir o desconhecido interpretando padrões ou símbolos aleatórios. Às vezes, é referido incorretamente como "leitura da sorte".

Athame: faca utilizada em rituais wiccanos para direcionar o poder pessoal. Pode ter dois gumes e cabo preto e raramente é usada para corte. Seu nome é de origem obscura e há diversas grafias e uma variedade ainda maior de pronúncias. Wiccanos da costa leste americana e britânicos tendem a pronunciar "athâmí", mas também pode ser pronunciado átame ou atâme.

Balefire: chama acesa geralmente ao ar livre para fins mágicos ou religiosos usada tradicionalmente em rituais wiccanos como Yule, Beltane e Litha.

Beltane: festival religioso wiccano, solenizado em 30 de abril, que celebra a crescente fertilidade da terra (e, para alguns wiccanos, o casamento da Deusa e do Deus). Sinônimos incluem Véspera de Maio, Roodmas, Noite de Walpurgis e Cethsamhain.

Bênção: ato de conferir energia positiva a uma pessoa, lugar ou objeto. Pode ser uma prática espiritual ou religiosa.

Besom: Vassoura.

"Boa Sorte": capacidade de um indivíduo de tomar decisões certeiras e oportunas, para realizar ações corretas e se colocar em situações positivas. "Má sorte" decorre da ignorância e uma falta de vontade do aceite da responsabilidade própria.

Boline: faca de cabo branco, usada em rituais mágicos e wiccanos para fins práticos, como cortar ervas ou perfurar romãs. Comparar com o athame.

Bolos e vinho: também conhecido como "bolos e cerveja ale", este é um ritual simples de refeição compartilhada com a Deusa e o Deus, geralmente dentro do círculo, perto da conclusão de uma cerimônia religiosa. Esses rituais de refeições precedem a Cristandade.

Bruxa: Antigamente, uma praticante europeia de magia popular pré-cristã, particularmente relacionada a ervas, cura, poços, rios e pedras. Aquela que praticava feitiçaria. Mais tarde, o significado deste termo foi alterado para denotar seres dementes e perigosos que praticavam atos destrutivos por meio de magia e ameaçaram o Cristianismo. Esta última definição é falsa. (Alguns wiccanos também usam a palavra para se descreverem.)

Bruxaria: O Ofício da Bruxa. Magia, especialmente magia utilizando poder pessoal em conjunto com as energias de pedras, ervas, cores e outros objetos naturais. Embora tenha implicações espirituais, bruxaria, de acordo com esta definição, não é uma religião, porém, muitos seguidores da Wicca usam essa palavra para denotar seu credo.

Capacitação: ver carregar.

Carregar: ato de mover energia para um objeto.

Círculo Mágico: esfera construída por poder pessoal em que os rituais geralmente são encenados. A área dentro do círculo é vista como sendo um terreno comum no qual os wiccanos e suas divindades podem se encontrar. O termo se refere ao círculo que marca a penetração da esfera do solo, pois se estende acima e abaixo dele. O circulo é criado por meio de magia.

Círculo: ver círculo mágico.

Consagração: ato de conferir santidade. Na Wicca, ferramentas usadas em ritos religiosos e mágicos são consagradas com energia durante momentos específicos rituais.

Consciência psíquica: ato de ser conscientemente psíquico, no qual a mente psíquica e a mente consciente estão ligadas e trabalhando em harmonia.

Coven: grupo de wiccanos, geralmente iniciáticos e liderados por um ou dois líderes, que se reúnem para trabalhos religiosos e mágicos. A maioria dos covens opera dentro de uma tradição wiccana específica.

Deosil: Veja sentido horário.

Deus, O: geralmente, na Wicca, o Deus é o princípio masculino, o perfeito complemento à Deusa. Ele é frequentemente relacionado ao Sol, aos desertos, às florestas e aos animais selvagens. Alguns o veem como o Senhor da Morte e da Ressurreição. Nos oito sabbats, os wiccanos celebram seu nascimento, maturidade, união com a Deusa, e sua morte. O Deus não deve ser confundido com a concepção comum de Deus.

Deusa, A: Existem tantas definições da Deusa quanto wiccanos. Geralmente, ela é vista como a criadora do universo, a inalterável, fonte máxima de fertilidade, sabedoria, amor, compaixão, cura e poder. Frequentemente associada à lua, aos mares e à terra no pensamento wiccano, a Deusa foi adorada em muitas religiões em todo o mundo e ao longo do tempo.

E.C.: Era Comum, equivalente não religioso de A.D.

Elementos, Os: terra, ar, fogo e água. Esses quatro elementos são os tijolos do universo e antigas fontes mágicas de energia.

Energia: termo geral para o poder atualmente incomensurável, porém real, que existe dentro de todos os objetos e seres naturais, incluindo nossos corpos. É usado na magia popular. Veja também poder pessoal.

Erva: praticamente qualquer planta usada em magia.

Esbat: ritual wiccano que ocorre em qualquer dia à excessão dos oito sabbats. Esbats frequentemente são realizados em luas cheias, dedicadas à Deusa.

Feitiço: esteio da magia popular, os feitiços são simplesmente rituais mágicos. Eles geralmente são não-religiosos e muitas vezes incluem palavras faladas.

Ferramentas: palavra muito usada na Wicca, este termo inclui tanto objetos usados fisicamente para facilitar o ritual wiccano (incensários, varinhas, velas, sal, água e incenso), bem como processos internos (visualização e concentração, entre outros). Em algumas formas de magia, este termo também se refere a pedras, ervas, cores e outras fontes de energia utilizadas em feitiços.

Handfasting (atar das mãos): ritual wiccano que consiste na união de dois seres humanos em um vínculo de amor, perante a Deusa e o Deus.

Imbolc: festival religioso wiccano celebrado em 1 ou 2 de fevereiro que marca os primeiros sinais da primavera.

Incensário: recipiente à prova de calor no qual o incenso é queimado durante um ritual. Normalmente associado, na Wicca, ao elemento Ar.

Iniciação: processo pelo qual um indivíduo é apresentado ou admitido em um grupo, por interesse, habilidade ou religião. As iniciações podem ser ocasiões rituais, ou pode ocorrer espontaneamente.

Intenção: na magia, o objetivo do trabalho.

Invocação: apelo ou petição a um poder (ou poderes) superior. Invocação é um método para se estabelecer laços conscientes com os aspectos da Deusa e do Deus que habitam dentro de nós. Isso aparentemente os convida a aparecer. Na verdade, a invocação simplesmente nos torna cientes de sua presença.

Lançamento do círculo: processo de mover a energia positiva do corpo formando uma grande esfera não física de poder na qual os rituais wiccanos geralmente ocorrem. Geralmente iniciam os rituais wiccanos. O processo também é conhecido como "criação do círculo" e "criação de espaço sagrado", entre outros termos.

Lei de Três: crença wiccana de que nossas ações, tanto positivas quanto negativas, serão devolvidas em triplo.

Litha: solstício de verão, um festival religioso wiccano e um momento tradicional para a magia. Também conhecido como Midsummer.

Livro das Sombras: coletânea de informações sobre rituais wiccanos que geralmente incluem magia, conselhos e rituais religiosos. Existem muitos Livros das Sombras e não há uma versão correta.

Lughnasadh (Lammas): festival religioso wiccano, celebrado em 1º de agosto, que marca a primeira colheita.

Mabon: festival religioso wiccano, celebrado no equinócio de outono, que marca a segunda colheita.

Magia popular: prática mágica de utilizar o poder pessoal, em conjunto com instrumentos naturais, em um contexto não religioso, para causar mudança positiva.

Magia: movimento de energias naturais (embora sutis) para manifestar de forma positiva uma mudança necessária. Magia é o processo de despertar energia, dando-lhe propósito (por meio da visualização) e liberando-o para criar uma mudança. Esta é uma prática natural (não sobrenatural).

Mal: aquilo que destrói a vida, que é inútil, venenoso, destrutivo, ou mal.

Malígno: Veja mal

Meditação: reflexão, contemplação, voltar-se para dentro de si mesmo ou para fora com foco na divindade ou na natureza.

Mente consciente: a metade racional analítica, materialmente baseada em nossa consciência. Compare com a mente psíquica.

Mente psíquica: a mente subconsciente ou inconsciente, na qual recebemos impulsos psíquicos. A mente psíquica está trabalhando quando dormimos, sonhamos e meditamos.

Objetivo: ver intenção.

Ofício: Wicca

Oração: ato de focar a atenção na divindade e se envolver em comunicação. Na Wicca, a oração é dirigida à Deusa e ao Deus.

Ostara: festival wiccano celebrado no equinócio da primavera que marca o início do retorno da evidente fertilidade à terra.

Pagão: do latim *paganus*, "habitante do campo" ou "aldeão". Hoje é usado como um termo geral para seguidores da Wicca e de outras religiões politeístas, que abraçam a magia. Os pagãos não são satanistas, perigosos ou maus.

Pentáculo: objeto ritual (geralmente um pedaço circular de madeira, argila ou metal) sobre o qual uma estrela de cinco pontas (pentagrama) é inscrita, pintada ou gravada. Representa o elemento terra. As palavras "pentagrama" e "pentáculo" não são intercambiáveis no uso wiccano.

Pentagrama: estrela de cinco pontas entrelaçada (uma ponta no topo) que tem sido usada há muito tempo como um dispositivo de proteção. Hoje, o pentagrama é também associado ao elemento terra e à Wicca. Não existem associações ruins a ele.

Perscrutar: processo de encarar ou olhar para um objeto brilhante, chama ou água com o objetivo de entrar em contato com a mente psíquica.

Poder da terra: energia que existe dentro de pedras, ervas, chamas, vento, água e outros objetos naturais. É o poder divino manifestado e pode ser utilizado durante a magia para criar a mudança requerida. Comparar com poder pessoal.

Poder divino: energia pura não manifestada que existe dentro do Deusa e Deus. A força vital; a fonte final de todas as coisas. É essa energia que os wiccanos entram em contato durante o ritual. Compare com poder terrestre e poder pessoal.

Poder pessoal: energia que sustenta nossos corpos. Nós primeiro a absorvemos de nossas mães biológicas dentro do útero e, mais tarde, dos alimentos, da água, da lua e do sol e de outros objetos naturais. Liberamos poder pessoal durante estresse, exercícios, sexo, concepção e parto. A magia geralmente é um movimento de poder pessoal para um objetivo específico.

Potência: veja energia; poder pessoal; poder da terra; poder divino.

Reencarnação: doutrina do renascimento. Processo de encarnações repetidas na forma humana para permitir a evolução alma humana, assexual e imortal. Um dos princípios da Wicca.

Rito: Ver ritual.

Ritual: Cerimônia. Forma específica de movimento, manipulação de objetos, ou processos internos projetados para produzir os efeitos desejados. Na religião, o ritual é voltado para a união com o divino.

Na magia, permite que se mova a energia em direção aos objetivos necessitados. Um feitiço é um rito mágico.

Runas: figuras semelhantes a palitos, algumas remanescentes dos antigos alfabetos teutônicos, outras são pictogramas. Esses símbolos estão sendo mais uma vez amplamente utilizados em todas as formas de magia.

Sabbat: festival religioso wiccano.

Samhain: festival religioso wiccano celebrado em 31 de outubro que marca a última colheita e os preparativos para o inverno.

Sentido horário: forma tradicional de movimento na magia positiva e no ritual wiccano. (Se você estiver de frente para uma árvore, vá para a esquerda e ande em círculo ao redor dela. Isso é o movimento no sentido horário.) Também conhecido como "Movimento deosil."

Suma Sacerdotisa: líder altamente experiente de um coven; uma mulher que lidera ou co-lidera os rituais, ou uma mulher que atingiu um certo nível de proficiência, realização e sabedoria wiccana. O termo geralmente denota uma mulher que recebeu não um, mas várias iniciações.

Sumo Sacerdote: um dos dois líderes visíveis de um coven em um grupo Wicca. Um homem que co-lidera os rituais, ou um homem que atingiu certo nível de proficiência, realização e sabedoria. O termo geralmente denota um homem que recebeu não uma, mas várias iniciações.

Tradição Wiccana: subgrupo wiccano organizado, estruturado e específico, geralmente iniciático, muitas vezes com práticas rituais únicas. A base de qualquer tradição é o seu Livro das Sombras e instruções orais específicas são reveladas apenas para os iniciados. Grande parte das tradições é composta por um número de covens. A maioria reconhece membros de outras tradições como wiccanos. Existem muitas tradições wiccanas, talvez a mais famosa delas seja a Gardneriana.

Varinha: um dos instrumentos de invocação geralmente utilizados em rituais wiccanos para invocar a Deusa e o Deus.

Visualização: processo de formação de imagens mentais. A visualização mágica consiste em formar imagens de objetivos almejados durante a magia. Essa é uma função da mente consciente.

Wicca: religião pagã contemporânea com raízes espirituais baseadas em expressões de reverência à natureza como uma manifestação do divino. A Wicca vê a divindade como Deusa e Deus, portanto, é politeísta. Também abraça a prática da magia e aceita a reencarnação. Os festivais religiosos são realizados em observância da lua cheia e de outros fenômenos astronômicos (e agrícolas). Não está associada ao Satanismo.

Wiccano ou wiccaniano: relacionado à Wicca.

Wiccano Solitário: é a Wicca praticada, por opção ou circunstância, por indivíduos sem o apoio de um grupo.

Widdershins: movimento ritual anti-horário. Compare com o sentido horário.

Yule: festival religioso wiccano, celebrado no solstício de inverno, que marca o renascimento do Sol.

Bibliografia Comentada

Nos últimos anos, vários novos livros surgiram no mercado e muitos outros foram novamente publicados. Embora todas essas obras sejam valiosas, particularmente não concordo com todas as declarações contidas nelas. Leia-as, como sempre, com discrição.

Wicca

Anderson, Victor H. *Thorns of the Blood Rose*. Editado e prefaciado por Gwydion Pendderwen. *Nemeton Magazine*, 1980. (Uma coleção intrigante de poesias inspiradas na Deusa.)

Bourne, Lois. *Conversations With a Witch*. London: Robert Hale, 1989. (A vida de um wiccano inglês.)

Cabot, Laurie e Tom Cowan. *Power of the Witch: The Earth, the Moon, and the Magical Path to Enlightenment*. New York: Delta, 1989. (Uma introdução à Wicca e um guia para a magia popular.)

Crowley, Vivianne. *Wicca: The Old Religion in the New Age*. Wellingborough (Northamptonshire, England): Aquarian, 1989.

Crowther, Patricia. *Witch Blood! The Diary of a Witch High Priestess*. New York: House of Collectibles, 1974.

Farrar, Stewart. *What Witches Do:* The Modern Coven Revealed. New York: Coward, McCann, and Geoghehan, 1971. (Um apanhado sobre as atividades de um coven.)

Farrar, Janet e Stewart Farrar. *The Life and Times of a Modern Witch*. Custer (Washington): Phoenix, 1988. (Uma boa introdução à Wicca.)

Gardner, Gerald. *The Meaning of Witchcraft*. London: Aquarian Press, 1959. Repress. London: Aquarian Press, 1971. Repress. New York: Magickal Childe Publishing, 1982.

Gardner, Gerald. *Witchcraft Today*. New York: Citadel, 1955. Repress. New York: Magickal Childe Publishing, 1988. (O primeiro livro publicado sobre a Wicca contemporânea.)

Glass, Justine. *Witchcraft, the Sixth Sense and Us*. North Hollywood: Wilshire, 1965. (Fotografias)

Martello, Leo Louis. *Witchcraft:* The Old Religion. Secaucus (New Jersey): University Books, 1973.

Valiente, Doreen. *Where Witchcraft Lives*. London: Aquarian Press, 1962. (Um primeiro olhar sobre o folclore britânico da Wicca e de Sussex. Uma leitura encantadora e agradável.)

Instruções Práticas

Buckland, Raymond. *The Tree*. New York: Weiser, 1974. (Guia completo para uma tradição wiccana.)

Buckland, Raymond. *Buckland's Complete Book of Witchcraft*. St. Paul: Llewellyn Publications, 1986.

Budapest, Z. *The Holy Book of Women's Mysteries, Part I*. Oakland: The Susan B. Anthony Coven #1, 1979.

Campanelli, Pauline e Dan Campanelli. *Wheel of the Year*: Living the Magical Life. St. Paul: Llewellyn Publications, 1989. (Esses dois wiccanos criaram uma coleção encantadora e eminentemente utilizável de informações wiccanas e pagãs e atividades mágicas para todos os meses do ano. Uma delícia de se ler.)

Crowther, Patricia. *Lid Off the Cauldron:* A Handbook for Witches. London: Robert Hale, 1981. (Outro guia prático.)

Farrar, Janet and Stewart Farrar. *Eight Sabbats for Witches*. London: Robert Hale, 1981. (Rituais de sabbat, além de um olhar único sobre as origens do primeiro Livro das Sombras, cortesia de Doreen Valiente.)

Farrar, Janet and Stewart Farrar. *The Witches' Way:* Principles, Rituals and Beliefs of Modern Witchcraft. London: Robert Hale, 1984. (Outras revelações sobre o Livro das Sombras de Gardner e muitas informações práticas. Nota: Este livro foi reimpresso e encadernado com o outro livro de Farrar, *Eight Sabbats for Witches*, da Magickal Childe Publishing. O volume combinado é intitulado *A Witches 'Bible Compleat*)

Fitch, Ed. *Magical Rites From the Crystal Well*. St. Paul: Llewellyn Publications, 1984. (Rituais neopagãos para todas as ocasiões.)

Green, Marian. *A Witch Alone:* Thirteen Moons to Master Natural Magic. London: Aquarian Press, 1991. (Um livro incomum. Cada capítulo orienta o leitor por meio de lições destinadas a aumentar sua proficiência em magia e Wicca. Não totalmente focado na Wicca, mas bem elaborado, com um público britânico em mente.)

K., Amber. *How To Organize a Coven or Magickal Study Group*. Madison (Wisconsin): Circle Publications, 1983. (Diretrizes explícitas para organizar um coven.)

Slater, Herman (editor). *A Book of Pagan Rituals*. New York: Weiser, 1974. (Outra coleção de rituais tirados da visão pagã.)

Slater, Herman (editor). *Pagan Rituals III:* Outer Court Training Coven. New York: Magickal Childe Publishing, 1989. (A primeira parte deste livro reimprime *The Witchcraft Fact Book*, escrito pelo falecido Ed Buczynski. A segunda metade contém um Livro das Sombras não iniciatório escrito originalmente para estudantes de uma tradição galesa.)

Starhawk. *The Spiral Dance*. San Francisco: Harper and Row, 1979. (O guia clássico para a adoração à Deusa.)

Valiente, Doreen. *Witchcraft For Tomorrow*. London: Robert Hale, 1978. (Contém um Livro das Sombras parcial, bem como vários capítulos cobrindo vários aspectos da Wicca.)

Valiente, Doreen and Evan Jones. *Witchcraft:* A Tradition Renewed. Custer (Washington): Phoenix, 1990. (Uma curiosa reconstrução dos rituais e crenças de Robert Cochrane que, em parte, inspirou a Regência e as tradições da Bruxaria de 1734. Muito diferente de tudo o que já foi publicado.)

Weinstein, Marion. *Earth Magic: A Dianic Book of Shadows*. New York: Earth Magic Productions, 1980. Reprint. Custer (Washington): Phoenix, 1986. (Um guia único como nenhum outro. Não é um Livro das Sombras completo, mas é certamente fascinante e útil.)

A Deusa

Downing, Christine. *The Goddess:* Mythological Images of the Feminine. New York: Crossroad, 1984.

Gimbutas, Marija. *The Goddesses and Gods of Old Europe.* Berkeley: The University of California Press, 1982.

Gimbutas, Marija. *The Language of the Goddess.* San Francisco: Harper & Row, 1989. (Uma obra monumental e avassaladora. Muitas fotografias e ilustrações.)

Graves, Robert. *The White Goddess.* New York: Farrar, Straus and Giroux, 1973.

Neumann, Erich. *The Great Mother*: An Analysis of the Archetype. Princeton: Princeton University Press, 1974. (Uma abordagem junguiana da Deusa. Este trabalho inclui 185 páginas de fotografias de imagens da Deusa.)

Stone, Merlin. *When God Was a Woman.* New York: Dial Press, 1976.

Walker, Barbara. *The Woman's Dictionary of Symbols and Sacred Objects.* San Francisco: Harper & Row, 1988.

Walker, Barbara. *The Woman's Encyclopedia of Myths and Secrets.* San Francisco: Harper & Row, 1983.

Referências de obras wiccanas

Adler, Margot. *Drawing Down the Moon:* Witches, Druids, Goddes-s-Worshippers, and Other Pagans in America Today. Revised and Expanded Edition. Boston: Beacon Press, 1986. (Este livro é de leitura obrigatória, pois fornece uma visão geral da Wicca e do paganismo contemporâneos. Fotografias.)

Burland, C. A. *Echoes of Magic*: A Study of Seasonal Festivals Through the Ages. London: Peter Davies, 1972. (Um estudo envolvente do simbolismo dos festivais sazonais [sabbats] por um folclorista especialista. Todo o volume é um tanto peculiarmente dedicado à grande alegria do autor em escrever sobre assuntos sexuais. Uma fonte maravilhosa.)

Farrar, Janet and Stewart Farrar. *The Witches' God:* Lord of the Dance. Custer (Washington): Phoenix, 1989. (Um apanhado sobre o Deus na Wicca. Fotografias.)

Farrar, Janet and Stewart Farrar. *The Witches' Goddess.* Custer (Washington): Phoenix, 1987. (Fotografias.)

Guiley, Rosemary. *The Encyclopedia of Witches and Witchcraft.* New York: Facts on File, 1989. (Um trabalho bem pesquisado, simpático e enciclopédico.)

Johns, June. *King of the Witches:* The World of Alex Sanders. London: P. Davies, 1969.

Kelly, Aidan A. *Crafting the Art of Magic:* A History of Modern Witchcraft, *1939-1964.* St. Paul: Llewellyn Publications, 1991. (Uma reconstrução especulativa da criação da Wicca moderna.)

Mathers, S. L. MacGregor (editor and translator). *The Key of Solomon the King.* New York: Weiser, 1972. (Alguns ritos wiccanos modernos foram parcialmente baseados neste trabalho. A Wicca também pegou emprestado algum simbolismo da Chave.)

Valiente, Doreen. *The Rebirth of Witchcraft.* London: Robert Hale, 1989. Reprint. Custer (Washington): Phoenix, 1989. (Uma adição importante à história recente da Wicca; informativo e cativante.)

Magia

Howard, Michael. *The Magic of Runes.* New York: Weiser, 1980.

Howard, Michael. *The Runes and Other Magical Alphabets.* New York: Weiser, 1978.

K., Amber. *True Magick: A Beginner's Guide.* St. Paul: Llewellyn Publications, 1990. (Uma introdução amplamente baseada na magia wiccana popular.)

Koch, Rudolph. *The Book of Signs.* New York: Dover, 1955.

Mathers, S. L. MacGregor (editor and translator). *The Key of Solomon the King.* New York: Weiser, 1972.

Pepper, Elizabeth and John Wilcox. *Witches All*. New York: Grosset and Dunlap, 1977. (Uma coleção de magia popular extraída do popular *Witches 'Almanac*.)

Tyson, Donald. *Rune Magic*. St. Paul: Llewellyn Publications, 1988.

Valiente, Doreen. *Natural Magic*. New York: St. Martin's Press, 1975.

Weinstein, Marion. *Positive Magic: Occult Self-Help*. New York: Pocket Books, 1978. (Uma introdução maravilhosa à magia. Uma edição estendida também foi publicada.)